Hueber Sprachführer

Juliane Forßmann

Mit Englisch unterwegs

Hueber Verlag

Ein kostenloser MP3-Download zum Buch ist unter
www.hueber.de/audioservice erhältlich.

3. 2. 1. | Die letzten Ziffern
2015 14 13 12 11 | bezeichnen Zahl und Jahr des Druckes.
Alle Drucke dieser Auflage können, da unverändert,
nebeneinander benutzt werden.
1. Auflage
© 2011 Hueber Verlag, 85737 Ismaning, Deutschland
Redaktion: Juliane Forßmann und Deirdre Tincker, Hueber Verlag, Ismaning
Layout: Holger Latzel und Sarah-Vanessa Schäfer, Hueber Verlag, Ismaning
Umschlaggestaltung: wentzlaff | pfaff | güldenpfennig kommunikation gmbh
Satz: Memminger MedienCentrum AG, Memmingen
Druck und Bindung: Himmer AG, Augsburg
Printed in Germany
ISBN 978-3-19-009710-4

A21	Wo ist die nächste Tankstelle?	Where is ⓑⓔ the next petrol (ⓐⓔ gas) station? [uₑə iß ðə next 'petrəl (gäß) 'ßtäischn]
A22	Wo ist das deutsche Konsulat?	Where is the German consulate? [uₑə iß ðə 'dschöəmen 'konnsjulət]
A23	Haben Sie noch ein Zimmer frei?	Do you have any vacancies? [du ju häw 'enni 'wäikenßi:s]
A24	Lassen Sie mich in Ruhe!	Leave me alone! [li:w mi ə'loun]
A25	Ich habe mich verlaufen.	I've lost my way. [aiw loßt mai uäi]
A26	Wie komme ich *zum Bahnhof/zur U-Bahn*?	How do I get *to the station/to the ⓑⓔ underground (ⓐⓔ subway)*? [hau du ai gett tu ðə 'ßtäischn/tu ði 'andəgraund ('ßabbuäi)]
A27	Hilfe!	Help! [hellp]
A28	Bitte helfen Sie mir!	Please, help me! [pli:s hellp mi]
A29	Feuer!	Fire! ['faiə]
A30	Rufen Sie *einen Arzt/ einen Krankenwagen/ die Polizei*!	Can you call *a doctor/an ambulance/the police*! [kän ju ko:l ə 'docktə/än 'ämbjulanß/ðə pəli:ß]
A31	Rufen Sie die Feuerwehr!	Can you call the ⓑⓔ fire services (ⓐⓔ fire department)! [kän ju ko:l ðə 'faiə 'ßöəwißəß ('faiə de'pa:tment)]
A32	Ich rufe gleich die Polizei!	I'm going to call the police! [aim gouing tu: ko:l ðə pou'li:ß]
A33	was	what [uott]
A34	wer	who [hu:]
A35	wann	when [uenn]
A36	wie	how [hau]
A37	warum	why [uai]
A38	wo	where [ueə]
A39	wessen	whose [hu:s]

A40	Millimeter	millimetre ['millimi:tə]
A41	Zentimeter	centimetre ['ßentimi:tə]
A42	Meter	metre ['mi:tə]
A43	1,92 m	one metre ninety-two [ua̱nn 'mi:tə 'na̱inti tu:]
A44	Kilometer	kilometre ['killomi:tə]
A45	50 Kilometer pro Stunde	50 kilometres per hour ['fiffti ki'lommitəß pə 'a̱uə]

inch [intsch]	2,54 cm
foot [futt]	Fuß : 30,48 cm
mile [ma̱il]	Meile: 1,6 km

A46	Gramm	gram [gräm]
A47	Pfund	pound [pa̱und]
A48	Kilogramm	kilogram ['kilo̱ugräm]
A49	1 Zentner (50 kg/100 kg)	fifty kilos/a hundred kilos ['fiffti 'kilo̱us/ a 'handredd 'kilo̱us]
A50	Tonne	ton [tann]
A51	Liter	litre ['litə]

ounce, oz [a̱unß]	28,4 g
pound, lb [pa̱und]	454 g
stone, st [ßto̱un]	6,4 kg
pint, pt [pa̱int]	568 ml
gallon, gal ['gällən]	4,5 l

Gastronomisches und Kulinarisches 62

Zeit für den Einkauf 90

Bank und Post 117

Freizeitaktivitäten 122

Introduction
Einführung

Gute Reise mit dem Hueber Sprachführer Englisch! Wenn Sie in das englischsprachige Ausland reisen, ist dieser Sprachführer das Richtige für Sie, denn alle Übersetzungen richten sich nach dem Standard Englisch (British Southern English), das überall dort verstanden wird, wo man Englisch spricht. Obendrein enthält der Spachführer die wichtigsten amerikanischen Varianten.

Trotzdem sollte man sich im Klaren darüber sein, dass Standard Englisch nicht die einzige Sprache dieses Sprachraums darstellt, denn sonst tappt man zum Beispiel bei einem Besuch in Wales, Schottland, Nordirland oder der Irischen Republik leicht ins Fettnäpfchen.

Die Waliser, Schotten und Iren haben eines gemeinsam: Sie sind stolz auf ihr kulturelles Erbe und pflegen eine starke nationale Identität, die sie von den Engländern unterscheidet. Bezeichnet man unbedacht etwas als englisch, wenn man doch richtigerweise walisisch, schottisch oder irisch sagen sollte, wird man schnell eines Besseren belehrt. Drücken Sie hier und da Ihr Bedauern aus, dass Sie kein Walisisch, schottisches Gälisch beziehungsweise kein Irisch sprechen; das kommt gut an.

Der Sprachführer setzt sich aus fünf hilfreichen Komponenten zusammen: Die kompakte Einführung in die Aussprache macht Sie mit der vereinfachten Lautschrift vertraut; mit ihrer Hilfe können Sie alle Wörter und Sätze problemlos aussprechen. Die darauffolgenden Kapitel bieten Ihnen nützliche Formulierungen für alle typischen Reisesituationen. In der Kurzgrammatik können Sie nach Wunsch die Sprache besser kennenlernen, um sie noch effizienter zu nutzen. Wenn's mal ohne Worte gehen soll, helfen Ihnen die Zeigetafeln weiter. Das Wörterbuch für Reisende, in dem Sie Wörter von A bis Z nachschlagen können, vervollständigt Ihre „Sprachausrüstung". Nun kann nichts mehr schiefgehen.

Aber es gibt noch mehr: Die zum Sprachführer passende Audiodatei können Sie sich auf www.hueber.de/audioservice herunterladen und über 1000 Tracks anhören.

In der folgenden Tabelle sind alle Symbole und Abkürzungen aufgelistet, die Ihnen die Verwendung des Sprachführers erleichtern sollen:

Ⓐ	amerikanische Variante
Ⓑ	britische Variante
🔊	Lautsprechersymbol, unter dem die Tracknummern der anhörbaren Phrasen aufgelistet sind
B11	Tracknummer, mit deren Hilfe Sie den damit markierten Satz auf der Audiodatei finden können
⍰	Lücke, in die Sie die darunter folgenden Alternativen einsetzen können
☑	Wort/Wörter, das/die Sie in den Lückensatz oben einsetzen können

The correct
Die richtige Aussprache
pronunciation

Die englische Aussprache der Buchstaben unterscheidet sich wesentlich von der deutschen. Deshalb finden Sie nach jedem englischen Wort und Satz eine einfache Umschreibung der Aussprache, die so weit wie möglich auf der deutschen Aussprache der Buchstaben beruht.

Das englische A bezeichnet einen Laut, der zwischen dem deutschen A und Ä angesiedelt ist. Wenn Sie es wie ein Ä aussprechen, werden Sie gut verstanden, deswegen wird es hier auch mit **ä** umschrieben.

Das englische R wird grundsätzlich anders ausgesprochen als das deutsche, doch man würde Sie auch bei deutscher Aussprache desselben verstehen. Aber die englische Aussprache ist schnell gemeistert. Rollen Sie dazu die Zunge im hinteren Rachenbereich, so dass die Zungenspitze nach oben und hinten zeigt, aber nicht aufliegt.

Bei W und V müssen Sie ein wenig aufpassen: W wird im Englischen fast wie U im Deutschen ausgesprochen, während V immer wie das deutsche W klingt. Um das W richtig auszusprechen, müssen Sie anfangs die Lippen spitzen und sie dann in ein Lächeln mit offenem Mund zurückschnellen lassen.

In der folgenden Tabelle erklären wir Ihnen einige Symbole, die Laute darstellen, die im Deutschen nicht existieren und so eine genauere vereinfachte Lautschrift ermöglichen. Weitere Lautdarstellungen werden erklärt, damit keine Verwechslungen entstehen können. Laden Sie sich auf unserer Webseite unter www.hueber.de/audioservice die zum Sprachführer passende Audiodatei herunter; dann können Sie sich die Aussprache von phonetischen Beispielen und Wendungen auch anhören.

B01	'	steht immer vor der Wortsilbe, die betont wird.	**between** [bit'ui:n] zwischen
B02	ː	zeigt an, dass der Vokal, der diesem Symbol vorausgeht, lang gesprochen werden muss.	**true** [truː] wahr
B03	‿	verbindet Laute, die schnell hintereinander gesprochen werden und so nahezu zu einem etwas längerem Laut verschmelzen.	**go** [gou] gehen
B04	ä	bezeichnet einen Laut, der zwischen dem deutschen A und Ä angesiedelt ist. Wenn Sie es wie ein Ä aussprechen, werden Sie gut verstanden.	**man** [män] Mann
B05	ə	ein wichtiger Laut, den Sie sich unbedingt merken sollten, weil er so häufig vorkommt: ein sehr kurz ausgesprochenes E, so wie am Ende von *Seele* oder *Quelle*.	**the** [ðə] der
B06	ɔ	stegt für ein offen gesprochenes O wie in *Koffer*; anders als im Deutschen wird es häufig verlängert gesprochen.	**call** [kɔːl] rufen
B07	ð	steht für ein stimmhaftes, stark gelispeltes S, bei dem man die Zungenspitze über die obere Zahnreihe hinausschiebt, als wolle man die Zunge herausstrecken, und gleichzeitig den ersten Abschnitt der Zungenmitte kurz gegen die obere Zahnreihe und den Gaumen presst.	**this** [ðiß] dies
B08	θ	steht ebenfalls für ein stark gelispeltes S, das aber stimmlos ist; man schiebt wieder die Zungen-	**through** [θruː] durch

		spitze über die obere Zahnreihe hinaus und presst sie nur leicht dagegen.	
B09	s	bezeichnet ein stimmhaftes S wie in **S**orge oder **s**uper.	**zip** [sipp] Reißverschluss
B10	ß	steht für ein stimmloses S wie in Stra**ß**e oder Verlu**s**t.	**cellar** [ˈßelə] Keller

Preparations for the journey

Reisevorbereitungen

Eine Unterkunft buchen
Booking accommodation

Ich möchte gern ☐ buchen.	I would like to book ☐. [ai̯ u̯edd lai̯k tu buck]
C01 ☐ eine Übernachtung mit Frühstück	☐ one night and breakfast [u̯ann nai̯t änd 'breckfəßt]
C02 ☐ eine Übernachtung mit *Halbpension/ Vollpension*	☐ one night and *half board/full board* [u̯ann nai̯t änd ha:f bɔ:d/full bɔ:d]

In den USA bezeichnet man *Halbpension* oft als Modified American Plan ['moddifai̯d ə'merikən plän] und *Vollpension* als American Plan [ə'merikən plän].

C03 ☐ ein *Einzelzimmer/ Doppelzimmer*	☐ a *single room/double room* [ə 'ßingll ru:m/ 'dabbl ru:m]
C04 ☐ sieben Nächte *Halbpension/Voll- pension*	☐ seven nights *half board/full board* ['ßewn nai̯tß ha:f bɔ:d/full bɔ:d]
C05 ☐ eine Ferienwoh- nung für *zwei/drei/ vier* Personen	☐ a holiday apartment for *two/three/four* [ə 'hollidäi̯ əpa:tmənt fɔ: tu/θri:/fɔ:]
C06 ☐ ein *Ferienhaus*	☐ a ⒝ holiday cottage (ⒶⒺ vacation home) [ə 'hollidäi̯ kottidsch (wäi̯'käi̯schn hou̯m)]
C07 mit einem Kinderbett	with a children's bed [u̯iθ ə 'tschildrenß bedd]
C08 für zwei Erwachsene und *ein Kind/zwei Kinder*	for two adults and *a child/two children* [fɔ: tu 'ädaltß änd ə tschai̯ld/tu: 'tschildren]
C09 mit Toilette	with a private ⒝ toilet (ⒶⒺ bath) [u̯iθ äi̯ 'prai̯wət 'toi̯let (ba:θ)]

C10	mit *Dusche/Bad*	with a private *shower/bath* [uiθ äi 'praiwət schaua/ba:θ]
C11	für *eine Woche/zwei Wochen*	for *one week/two weeks* [fɔ: uann ui:k/tu ui:kß]
	(für die Zeit) vom ... bis zum ...	from ... to ... [fromm ... tu]
C12	in *ruhiger/zentraler* Lage	in a *quiet/central* location [in ə 'kuaiət/ 'ßentrəl lo'käischn]
C13	in Strandnähe	near the beach [niə ðə bi:tsch]
C14	Sind Haustiere erlaubt?	Are pets allowed? [a: pettß ə'laud]
C15	Können wir unseren Hund mitbringen?	Can we bring our dog? [kän ui: bring 'aua dogg]

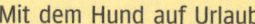

Mit dem Hund auf Urlaub

Hunde aus westeuropäischen Ländern können heutzutage ohne Quarantäne einreisen. Allerdings müssen einige strenge Voraussetzungen erfüllt werden, die in einem Heimtierausweis festgehalten werden. Eine Tollwutimpfung gehört unbedingt dazu. In jedem Fall muss der Tierarzt dem Haustier einen Mikrochip einpflanzen, dessen Nummer im Heimtierausweis vermerkt wird. Erkundigen Sie sich mindestens sechs Monate vor der Reise beim Tierarzt und Ihrer Fluggesellschaft.

C16	Müssen wir Bettzeug und Handtücher selbst mitbringen?	Do we have to bring our own bedcovers and towels? [du ui: häw tu bring 'aua oun 'bedkawəs änd tauluəlß]
	Ich reise am ... um ca. ... Uhr an.	I'll arrive on ... at about ... o'clock. [ail ə'raiw onn ... ätt ə'baut ... ə klock]
	Wir reisen am ... ab.	We leave on ... [ui: li:w onn]

Ein Ticket buchen
Booking a ticket

Ich möchte gern ☐ buchen.	I would like to book ☐. [ai uedd laik tu buck]
C17 ☐ einen Flug	☐ a flight [ə flait]
C18 ☐ eine Fähre	☐ a ferry [ə 'ferri]
C19 ☐ eine Reise	☐ a journey [ə 'dschöani]
C20 Hin- und Rückfahrt, bitte.	A ⓑⓔ return ticket (ⓐⓔ round-trip ticket), please. [ə ri'töan 'tickət ('raund-trip 'tickət) pli:s]
C21 Die *Hinreise/Rück-reise* ist am ...	I *leave/return* on ... [ai li:w/'ritöan onn]
C22 Ich würde gern einen Sitzplatz reservieren.	I'd like to book a seat. [aid laik tu buck ə ßi:t]
C23 Ich möchte erster Klasse reisen.	I'd like to travel first class. [aid laik tu 'träwl föaßt kla:ß]
Um wie viel Uhr geht ☐ nach ...?	At what time does ☐ to ... go? [ätt uott taim das ... tu ... gou]
C24 ☐ die Fähre	☐ the ferry [ðə 'ferri]
C25 ☐ der nächste Flug	☐ the next flight [ðə next flait]
C26 ☐ der nächste Zug	☐ the next train [ðə next träin]
C27 Wann kommt der Zug an?	When does the train arrive? [uenn das ðə träin ə'raiw]
C28 Wann fährt der Bus ab?	When does the bus depart? [uenn das ðə baß di:'pa:t]
C29 Wie viel kostet das Ticket?	How much is the ticket? [hau matsch iß ðə 'tickət]
C30 Bitte bestätigen Sie mir die Buchung schriftlich.	Please, confirm this booking in writing. [pli:s konn'föam ðiß 'bucking in raiting]
C31 Ich möchte die Reser-vierung stornieren.	I would like to cancel the reservation. [ai uedd laik tu 'känßl ðə resə'wäischn]

Am Telefon
On the phone

This is ... speaking. How can I help you? [ðiß iß ... 'ßpi:king hau kän ai hellp ju]	... am Apparat. Wie kann ich Ihnen helfen?

Hier ist ...	This is ... [ðiß iß]
Bin ich hier richtig beim ... Hotel?	Is this the ... Hotel? [iß ðiß ðə ... hou'tell]
Ich würde gern mit ... sprechen.	I'd like to speak to ... [aid laik tu ßpi:k tu]

I'm afraid, he/she is not here. [aim ə'fräid hi/ schi iß nott hiə]	Sie/Er ist leider nicht da.

Would you like to leave a message? [uedd ju laik tu li:w ə 'messidsch]	Möchten Sie eine Nachricht hinterlassen?

Könnten Sie *ihm/ihr* ausrichten, dass ...	Could you let *him/her* know that ... [kudd ju lett himm/hə nou dätt]
Könnte *er/sie* mich zurückrufen?	Could *he/she* call me back? [kudd hi/schi kɔ:l mi bäck]
Meine Nummer ist 00 49 89 9602 474.	My number is zero zero four nine, eight nine, nine six zero two, four seven four. [mai 'nambə iß 'siərou 'siərou fɔ: nain äit nain nain six 'siərou tu fɔ: 'ßewn fɔ:]

Vorwahlen von Deutschland, Österreich und der Schweiz ins Ausland:

GB	IRL	USA
0044	00353	001

Vorwahlen aus dem Ausland nach Deutschland, Österreich und die Schweiz:

	GB, IRL	USA
D	0049	01149
A	0043	01143
CH	0041	01141

Könnten Sie mir die Nummer von ... geben?	Could I have the number of ...? [kudd ai häw ðə 'nambə off]

The number is ... [ðə 'nambə iß]	Die Nummer ist ...

Auf Wiederhören!	Good-bye. [gudd bai]

Per E-Mail, Fax oder Brief
By email, fax or letter

Sehr *geehrter Herr .../geehrte Frau ...,*	Dear *Mr ... /Mrs ...,* [dia 'mißtə .../'mißis]
Sehr geehrte Damen und Herren,	Dear Sir or Madam, [dia ßöa ɔː 'mädəm]
Bitte lassen Sie mich wissen, ☐.	Please let me know ☐. [pliːs lett mi nou]
☑ ob die Unterkunft noch frei ist	☑ whether the accommodation is still available ['uɐðə ði əkommə'däischn iß ßtill ə'wäilibl]
☑ wie viel das kostet und was der Preis mit einschließt	☑ the price and what it covers [ðə praiß änd uott it 'kawəs]
☑ ob eine Anzahlung erforderlich ist	☑ whether you require a deposit ['uɐðə ju ri'kwaiə ə di'pɔsit]
Mit freundlichen Grüßen *(wenn in der Grußformel der Name verwendet wurde)*	ⓑ Yours sincerely, (ⓐ Sincerely,) [jɔːs ßin'ßiəli (ßin'ßiəli)]
(wenn in der Grußformel kein Name verwendet wurde)	ⓑ Yours faithfully, (ⓐ Yours truly,) [jɔːs 'fäiθfulli (jurs truːli)]

Angaben zur Person machen
Give your details

What is ☐? [uott iß]	Wie lautet ☐?
☑ your first name [jɔː föaßt näim]	☑ Ihr Vorname

☑ your surname [jɔː 'ßöɐnäim]	☑ Ihr Nachname
☑ your address [jɔː ə'dreß]	☑ Ihre Adresse
☑ your telephone number [jɔː 'tellifoun 'nambə]	☑ Ihre Telefonnummer
☑ your ⑧ mobile number (⑳ cell phone number) [jɔː 'moubail 'nambə (ßell foun 'nambə)]	☑ Ihre Handynummer
☑ your email address [jɔː 'iːmail ə'dreß]	☑ Ihre E-Mail-Adresse

C32	Ich heiße...	My name is ... [mai näim iß]
C33	Meine Telefonnummer ist ...	My telephone number is ... [mai 'tellifoun 'nambə iß]
C34	Meine Handynummer ist ...	My ⑧ mobile number (⑳ cell phone number) is ... [mai 'moubail 'nambə (ßell foun 'nambər) iß]
C35	Meine E-Mail-Adresse lautet ...	My email adress is ... [mai 'iːmail ə'dreß iß]

> Wenn Sie Ihre deutsche E-Mail-Adresse angeben, sprechen Sie @ als [ätt] und .de als [dott|di|'iː] aus. Für eine österreichische Adresse spricht man .at als [dott|äi|'tiː] aus und für eine Schweizer Adresse .ch als [dott|ßi:|'äitsch].

What is your nationality? [uott iß jɔː näschə'näliti]	Welche Nationalität haben Sie?

C36	Ich bin *Deutsche(r)/ Österreicher(in)/ Schweizer(in)*.	I'm *German/Austrian/Swiss.* [aim 'dschöamen/'ɔßtriən/ßuiß]

On the journey
Auf der Reise

An der Grenze
At the border

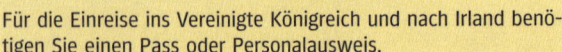

Für die Einreise ins Vereinigte Königreich und nach Irland benötigen Sie einen Pass oder Personalausweis.
Um in die USA einzureisen, brauchen Sie eine Esta-Genehmigung. Diese können Sie unter https://esta.cbp.dhs.gov/esta/ online beantragen.

Passports, please. [paːßpoːtß pliːs]	Die Pässe, bitte!
Have your passports ready, please. [häw jɔː paːßpoːtß 'reddi pliːs]	Bitte halten Sie die Pässe bereit!

Bitte sehr.	There you are. [ðeə ju aː]
Ich kann meinen Pass nicht finden.	I can't find my passport. [ai kaːnt faind mai paːßpoːt]

Please step aside. [pliːs ßtepp ə'ßaid]	Bitte treten Sie an die Seite.
Would you open the ⓑ boot (ⓐ trunk), please? [uedd ju 'oupən ðə buːt (trank) pliːs]	Bitte öffnen Sie den Kofferraum.

Wo gehts lang?
How do I get there?

D01	Ich habe mich verfahren/verlaufen.	I've lost my way. [ai loßt mai uäi]
D02	Wie komme ich ☒?	How do I get ☒? [hau du ai gett]
D03	☒ zur Autobahn	☒ to the ⓑ motorway (ⓐ highway) [tu ðə 'moutəuäi ('haiuäi)]

D04	☑ zum Bahnhof	☑ to the train station [tu ðə träin ˈßtäischn]
D05	☑ zum Fährhafen	☑ to the ferry port [tu ðə ˈferri pɔːt]
D06	☑ zum Flughafen	☑ to the airport [tu ði ˈeəpoːt]

Carry on ☐. [ˈkäri onn]	Fahren Sie weiter ☐.
☑ to the next traffic light [tu ðə next ˈträffik läit]	☑ bis zur nächsten Ampel
☑ until you get to a T-junction [anˈtill ju gett tu ə tiː ˈdschanktschn]	☑ bis Sie zum Ende der Straße kommen
☑ to the second ⓑ roundabout (ⓐ traffic circle) [tu ðə ˈßeckend ˈraundəbaut (ˈträfik ˈßöəkl)]	☑ bis zum zweiten Kreisverkehr
☑ to the town centre [tu ðə taun ˈßentə]	☑ bis ins Stadtzentrum

Chicago, USA

| Turn *left/right*. [töən lefft/räit] | Biegen Sie *links/ rechts* ab. |

Take the second turning on the *left/right*. [täik ðə 'ßeckend 'töaning onn ðə lefft/rait]	Nehmen Sie die zweite Straße *links/ rechts*.
Turn around. [töan ə'raund]	Drehen Sie um.
Keep straight. [ki:p ßträit]	Fahren Sie immer geradeaus.
Continue on this road. [kən'tinju: onn ðis roud]	Folgen Sie dem Straßenverlauf.

D07	Wie weit ist es noch bis ...?	How far is it to ...? [hau fa: is it tu]
D08	Wie viele Meilen/Kilometer ...?	How many miles/kilometres ...? [hau 'männi mailß/ki'lommitəs]

The road is blocked. [ðə roud iß blockt]	Die Straße ist gesperrt.
Take the ⒷⒺ diversion (ⒶⒺ detour). [täik ðə daiwöaschn ('dituə)]	Nehmen Sie die Umleitung.

D09	Gibt es eine alternative Route?	Is there an alternative route? [iß ðeə än ɔl'töanətif ru:t]
D10	Darf ich hier parken?	May I park here? [mäi ai park hiə]

Im Vereinigten Königreich und in den USA werden Entfernungen in Meilen angegeben. Mit der Einheit Kilometer ist man nicht überall vertraut. Eine Meile entspricht 1,6 Kilometer. Auch gibt man kürzere Strecken eher in feet (1 foot = 30,48 cm) und yard (1 yard = 91,44 cm) an.
In der Irischen Republik verwendet man immer häufiger Angaben in Kilometern, Metern und Zentimetern.
Achtung: Auf den Britischen Inseln fährt man auf der linken Straßenseite!

Tanken und Rasten
Fill up petrol and take a break

Wo ist ☐?	Where is ☐? [ueə iß]
D11 ☑ die nächste Tank-stelle	☑ the next ⒝ petrol (ⒶⒺ gas) station [ðə next 'petrəl (gäß) 'ßtäischn]
D12 ☑ die nächste Rast-stätte	☑ the next ⒝ service station (ⒶⒺ rest stop) [ðə next 'ßöəwiß 'ßtäischn (reßt ßtopp)]
D13 Bitte volltanken.	Fill her up, please. [fill hə app pli:s]
Ich tanke ☐.	The car takes ☐. [ðə ka täikß]
D14 ☑ Diesel	☑ diesel ['di:sl]
D15 ☑ Benzin	☑ ⒝ two star (ⒶⒺ regular) [tu ßta: ('regjələ)]
D16 ☑ Super	☑ ⒝ four star (ⒶⒺ super) [fɔ: ßta: ('ßupər)]
Könnten Sie bitte ☐?	Could you ☐, please? [kudd ju ... pli:s]
D17 ☑ das *Öl/Wasser* nachsehen	☑ check the *oil/water* [tscheck ðə oil/'u:tə]
D18 ☑ Öl nachfüllen	☑ ⒝ top up (ⒶⒺ refill) the oil [topp app (ri'fill) ði oil]
D19 ☑ den Reifendruck prüfen	☑ check the tyre pressure [tscheck ðə 'taiə 'preschə]
D20 Ich habe aus Verse-hen *Diesel/Benzin* getankt!	I put *diesel/*⒝ *petrol* (ⒶⒺ *regular)* in the tank by mistake! [ai putt 'di:sl/'petrəl ('regjələ) in ðə tänk bai miß'täik]

Panne und Unfall
Breakdown and accident

D21 Ich habe einen Plat-ten.	I've got a flat tyre. [aiw gɔt ə flätt 'taiə]
D22 Könnten Sie bitte den Reifen wechseln?	Could you change the tyre, please? [kudd ju tschäindsch ðə 'taiə pli:s]
Ich brauche ☐.	I need ☐. [ai ni:d]

D23 ☑ einen Abschlepp-dienst	☑ a ⓑⒺ breakdown service (ⒶⒺ towing ser-vice) [ə 'bräikdaun 'ßŏawiß ('touing 'ßörwiß)]
D24 ☑ eine *VW®-/BMW®*-Vertragswerkstatt	☑ a *VW™/BMW™* garage [ə wi 'dablju:/bi emm 'dablju: gä'ra:dsch]
D25 Bitte schleppen Sie den Wagen bis zur nächsten Werkstatt.	Please, tow the car to the next garage. [pli:s tou ðə ka tu ðə next gä'ra:dsch]
D26 Der Motor springt nicht an.	I can't start the engine. [ai ka:nt ßta:t ðə 'endschin]
D27 Die Kupplung ist kaputt.	The clutch is broken. [ðə klatsch iß 'broukən]
D28 Der Tank ist leer.	The tank is empty. [ðə tänk is 'empti]
D29 Bis wann können Sie es reparieren?	How long will it take to repair? [hau long will it täik tu 'repeə]
D30 Es gab einen Unfall.	There's been an accident. [ðeəß bin än 'äkßident]
D31 Bitte geben Sie mir die Anschrift Ihrer Versicherung.	Please let me have your insurance details. [pli:s lett mi häw jo: in'schuərenß 'ditäils]
D32 Rufen Sie bitte die Polizei/einen Kran-kenwagen!	Please call the police/an ambulance! [pli:s ko:l ðə pou'li:ß/än 'ämbjulənß]
... Personen sind (schwer) verletzt.	... people are (severly) injured. ['pi:pl a: (ßi'wiəli) 'indschəd]
D33 Haben Sie den Unfall gesehen?	Did you see the accident? [didd ju ßi: ði 'äkßident]
D34 Bitte geben Sie mir Ihre Anschrift.	Let me have your address, please. [lett mi häw jo: ə'dreß pli:s]

Verkehrskontrolle
Being stopped by the police

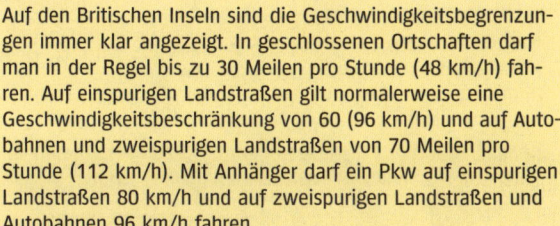

Auf den Britischen Inseln sind die Geschwindigkeitsbegrenzungen immer klar angezeigt. In geschlossenen Ortschaften darf man in der Regel bis zu 30 Meilen pro Stunde (48 km/h) fahren. Auf einspurigen Landstraßen gilt normalerweise eine Geschwindigkeitsbeschränkung von 60 (96 km/h) und auf Autobahnen und zweispurigen Landstraßen von 70 Meilen pro Stunde (112 km/h). Mit Anhänger darf ein Pkw auf einspurigen Landstraßen 80 km/h und auf zweispurigen Landstraßen und Autobahnen 96 km/h fahren.
In der Irischen Republik gibt es vielerorts schon neue Schilder, die die Geschwindigkeit in Kilometern anzeigen. Alle Angaben auf Schildern, die ohne Geschwindigkeitseinheit angegeben werden, beziehen sich auf Meilen.

May I see your ⒷⒺ driving licence (ⒶⒺ driver's license), please? [mäi ai ßi: jɔ: drai̯wing 'lai̯ßenß ('drai̯wərs lai̯ßnß) pli:s]	Kann ich bitte Ihren Führerschein sehen?
May I see your car rental documents, please? [mäi ai ßi: jɔ: ka 'rentl 'dockjumentß pli:s]	Kann ich bitte Ihren Mietwagenvertrag sehen?

Bitte sehr.	Here you are. [hiə ju a:]

Thank you, *Sir/Madam*. ['θänk ju ßö̯ə/ 'mädəm]	Vielen Dank(, *der Herr/die Dame*).

D35 Es tut mir sehr leid – ich habe meine Papiere nicht dabei.	I'm so sorry, I don't have my documents on me. [ai̯m ßou̯ 'ßɔri ai dou̯nt häw mai̯ 'dɔkjumentß onn mi]

| Would you please get out of the car. [u̱edd ju pliːs gət a̱ut off ðə ka] | Bitte steigen Sie aus. |
| I'll have to fine you for speeding. [a̱il häw tu fa̱in ju fɔ: 'ßpiːding] | Ich muss Sie wegen Geschwindigkeits-übertretung mit einem Bußgeld belangen. |

| D36 | Ich möchte das Buß-geld gleich zahlen. | I'd like to pay the fine straightaway. [a̱id la̱ik tu pä̱i ðə fa̱in 'ßträ̱itəu̱äi] |
| D37 | Ich habe *kein/nicht genug* Bargeld dabei. | I haven't got *any/enough* cash on me. [a̱i 'häwnt 'enni/i'naff käsch onn mi] |

Unterwegs mit Bus, U-Bahn und Zug

Get about by bus, train and underground

Paddington Station, London

Ich möchte nach ... fahren.	I'd like to go to ... [aid laik tu gou tu]
D38 Welcher Zug fährt nach/zu ...?	Which train goes to ...? [uitsch träin gous tu]
D39 Fährt dieser Bus nach ...?	Does this bus go to ...? [das ðiß baß gou tu]
D40 An welcher Haltestelle muss ich aussteigen?	At which stop do I have to get off? [ätt uitsch stopp du ai häw tu gett off]
D41 Können Sie mir Bescheid sagen, wenn ich aussteigen muss?	Could you let me know when I have to get off? [kudd ju lett mi nou uenn ai häw tu gett off]
D42 Muss ich hier umsteigen?	Do I have to change here? [du ai häw tu tschäindsch hiə]

Die U-Bahn in London wird the Tube [ðə tjuːb] genannt. In der Regel ist sie wohl das schnellste Transportmittel in London und bringt Besucher sicher zu den schönsten Sehenswürdigkeiten.
Die Stoßzeiten am Abend und Morgen sollten Sie jedoch meiden. Dann wird es in den Waggons so richtig eng und stickig. Auch auf den U-Bahnsteigen ist dann das Gedränge groß.

D43 Wann kommt der nächste *Bus/Zug* nach ...?	When is the next *bus/train* to ...? [uenn iß ðə next baß/träin tu]

D44 **Wann kommt die nächste U-Bahn?**	When is the next ⒷⒺ underground (ⒶⒺ subway) due? [ụenn iß ðə next 'andəgraụnd ('ßabbụại) dju:]
Eine einfache Fahrt nach ..., bitte.	A ticket to ..., please. [ə 'tickət tu ... pli:s]
D45 **hin- und zurück nach ...**	return to ... [ri'töən tu]
D46 **eine Tageskarte**	a day travel card [ə däị 'träwl ka:d]
D47 **Gilt diese Karte auch für ...?**	Is this ticket valid for ...? [iß ðiß 'tickət 'välidd fɔ:]

Je nachdem, wo man sich auf den Britischen Inseln befindet, wird im Bus unterschiedlich bezahlt. In neueren Londoner Bussen bezahlt man beim Einsteigen beim Fahrer; in wenigen älteren Modellen, bei denen man hinten zusteigt, sucht man sich einen Platz und der Schaffner verkauft neu zugestiegenen Fahrgästen persönlich den Fahrschein. In Edinburgh muss man das Fahrgeld bis auf den Penny genau abgezählt haben, denn der Busfahrer hat kein Wechselgeld. Wer mit dem Bus reist, sollte immer reichlich Kleingeld dabei haben und sich am besten im Voraus über die Gepflogenheiten informieren.

Wo ist ⍰?	Where is ⍰? [ụeə iß]
D48 ☑ **die nächste *U-Bahnhaltestelle/ Bushaltestelle***	☑ the next ⒷⒺ *underground* (ⒶⒺ *subway*) *station/bus stop* [ðə next 'andəgraụnd ('ßabbụại) 'ßtäịschn/baß ßtopp]
☑ **der Busbahnhof**	☑ the bus station [ðə baß 'ßtäịschn]
D49 *(für Reisebusse)*	☑ the coach station [ðə 'ßtäịschn]
D50 ☑ **der Bahnhof**	☑ the train station [ðə träịn 'ßtäịschn]

| D51 | Von welchem Gleis geht der Zug nach ...? | From which platform does the train to ... go? [fromm u̱itsch 'plättfɔːm das ðə träi̱n tu ... go̱u] |

Für kürzere Fahrten nehmen Sie den Bus. Interregionales Reisen, z. B. von London nach Oxford, erledigt man mit dem coach (Linienreisebus). Er ist eine günstige Alternative zum Zug, wenn Sie es nicht so eilig haben.

Rund ums Gepäck
All about luggage

| Do you have any luggage? [du ju häw 'enni 'lagidsch] | Haben Sie Gepäck (zum Einchecken)? |
| You're over the baggage limit. [jɔː 'o̱uvə ðə 'bägidsch 'limmit] | Ihr Gepäck hat Übergewicht. |

D52	Ich möchte mein Gepäck aufgeben.	I'd like to check in my luggage. [ai̱d lai̱k tu tscheck in ma̱i 'laggidsch]
D53	Ich habe nur Handgepäck.	I only have hand luggage. [ai̱ 'o̱unli häw händ 'laggidsch]
D54	Wo kann ich meinen Koffer abholen?	Where can I pick up my suitcase? [u̱eə kän ai̱ pick app ma̱i 'ßuːtkäi̱ß]
D55	Sperrgepäck	bulky luggage ['balki 'laggidsch]
	Mein Gepäck ⍰.	My luggage ⍰. [ma̱i 'laggidsch]
D56	☑ ist nicht angekommen	☑ hasn't arrived ['häsnt ə'rai̱wd]
D57	☑ ist beschädigt	☑ has been damaged [häs binn 'dämmidschd]
D58	Mein Gepäck ist nicht vollständig.	Some of my luggage is missing. [samm off ma̱i 'laggidsch iß 'mißing]
D59	Wo gibt es hier Schließfächer?	Where are the lockers? [u̱eə aː ðə lockəß]

29

Am Flughafen
At the airport

D60	Wie komme ich zu Terminal *eins/zwei*?	How do I get to terminal *one/two*? [hau du ai gett tu 'töäminəl uann/tu]
	Wo finde ich ⏣?	Where do I find ⏣? [ueə du ai faind]
D61	☑ einen Informationsstand der Lufthansa®	☑ a Lufthansa® information desk [ə 'lufthansa infə'mäischn deßk]
D62	☑ einen Schalter der British Airways®	☑ a British Airways® check-in desk [ə 'britisch 'eəuäiß tscheck in deßk]
D63	Wann geht der nächste Flug nach ...?	When is the next flight to ...? [uenn iß ðə next flait tu]
D64	Den nehme ich.	I'll take it. [ail täik it]
	Ich möchte ⏣	I'd like ⏣ [aid laik]
D65	☑ *Economy Class/Business Class* fliegen	☑ to fly *Economy Class/Business Class* [tu flai i'konnəmi kla:ß'bisniß kla:ß]
D66	☑ erster Klasse fliegen	☑ to fly First Class [tu flai föäßt kla:ß]
D67	☑ am *Fenster/Gang* sitzen.	☑ a seat at the *window/aisle.* [ə ßi:t ätt ðə 'uindou/ail]
D68	☑ meinen Flug umbuchen	☑ to change my flight [tu tschäindsch mai flait]
D69	☑ meinen Flug stornieren	☑ to cancel my flight [tu 'känßl mai flait]
D70	Warum hat die Maschine Verspätung?	Why is the flight delayed? [uai iß ðə flait di'läid]
D71	Wie viel Verspätung hat die Maschine?	How long is the delay? [hau long iß ðə di'läi]

| Flight number ... has been cancelled. [fla̱it 'nambə ... häs binn 'känßld] | Der Flug Nummer ... ist abgesagt. |

Mit dem Schiff
By ship

D72	Wann läuft *das Schiff/die Fähre* aus?	When does *the ship/the ferry* leave? [u̱enn das ðə schipp/ðə 'ferri li:w]
	Wo finde ich ⬚?	Where do I find ⬚? [u̱eə du a̱i fa̱ind]
D73	☑ die Kabine Nr. ...	☑ cabin no. ... ['käbbin 'nambə]
D74	☑ das Bordrestaurant	☑ the restaurant [ðə 'reßtəronnt]
D75	Mir ist übel.	I feel sick. [a̱i fi:l ßick]
D76	Ich muss mich übergeben.	I'm going to be sick. [a̱im go̱uing tu bi ßick]
D77	Ich brauche einen Brechbeutel.	I need a sick bag. [a̱i ni:d ə ßick bäg]

Ein Fahrzeug mieten
Rent a vehicle

	Ich möchte ⬚ mieten.	I'd like to rent ⬚. [a̱id la̱ik tu rent]
D78	☑ ein Auto	☑ a car [ə ka]
D79	☑ einen Automatikwagen	☑ an automatic [än ɔ:to'mätick]
D80	☑ ein Auto mit Allradantrieb	☑ a four by four [ə fɔː ba̱i fɔː]
D81	☑ ein Cabrio	☑ a convertible [ə konn'u̱öətibl]
D82	☑ ein Motorrad	☑ a motorbike [ə 'mo̱utəba̱ik]
D83	mit Klimaanlage	with air conditioning [u̱iθ eə 'kəndischning]
D84	mit Navigator	with GPS [u̱iθ dschi:|pi:|'eß]

31

D85 Wie viel kostet das pro *Tag/Woche*?	How much is this a *day/week*? [hau̯ matsch iß ðiß ə däi̯/ui̯:k]
D86 Ist der Preis inklusive *Versicherung/Vollkasko*?	Does the price include *insurance cover/fully comprehensive cover*? [das ðə prai̯ß inkluː:d in'schuərenß 'kawə/'fulli kommpri'henßiw 'kawə]
D87 Wann muss ich das Fahrzeug zurückbringen?	When do I have to return the vehicle? [u̯enn du ai̯ häw tu ri'töən ðə 'wihikl]
D88 Wo sind die Fahrzeugpapiere?	Where are the car documents? [u̯eə a: ðə ka 'dockjumentß]
D89 Wo ist der Mietvertrag?	Where is the hire contract? [u̯eə iß ðə hai̯ə 'konnträckt]

Ein Taxi nehmen

Take a taxi

Sie können zwischen einem lizensierten Taxi oder einem **minicab** wählen. Ein Taxi winken Sie einfach auf der Straße heran oder Sie steigen am Taxistand in eines ein. Ein **minicab** ist ein Privatwagen, den Sie telefonisch bei einem der vielen Minicabunternehmen bestellen müssen. **Minicabs** ['minikäbß] sind günstiger, doch unterliegen Fahrzeug und Fahrer weniger Kontrollen als die traditionellen Taxis.

D90 Bitte fahren Sie mich nach/zu ...!	Please take me to ... [pliː:s täi̯k mi tu]
D91 Könnten Sie *schneller/langsamer* fahren?	Could you go *faster/more slowly*? [kudd ju gou̯ 'faː:ßtə/mɔː: 'ßlou̯li]
D92 Was kostet die Fahrt nach ...?	What's the fare to ...? [u̯ottß ðə feə tu]

Londoner Taxis

D93	Bitte halten Sie dort!	Please stop over there! [pliːs ßtopp 'o̯uvə ðeə]
D94	Ich hätte gern für morgen früh um 8 Uhr ein Taxi zum Flughafen.	I'd like to book a taxi to the airport for tomorrow morning at eight o'clock. [a̯id la̯ik tu buck ə 'täxi tu ðə 'e̯əpɔːt fɔː tə'moro̯u 'mɔːning ätt a̯it ə klock]

There at last: the
Endlich da: die Unterkunft
accommodation

Beim Ankommen
On arrival

Können Sie mir sagen, wo ☐ ist?	Could you tell me where ☐ is? [kudd ju tell mi u̯eə ... iß]
E01 ☑ die Rezeption	☑ the reception [ðə ri'ßeptschn]
E02 ☑ mein Zimmer	☑ my room [mai̯ ru:m]
E03 ☑ unser Zeltplatz	☑ our campsite ['au̯ə 'kämpßai̯t]
E04 Wir haben reserviert.	We have a reservation. [u̯i: häw ə resə'u̯äischn]
E05 Die Zimmerschlüssel, bitte.	The keys for the room, please. [ðə ki:s fɔ: ðə ru:m pli:s]

Sich nach dem Wichtigsten erkundigen
Asking for the essentials

Eine günstige und weit verbreitete Übernachtungsmöglichkeit mit Früh-stück bietet das bed and breakfast: ein Privatzimmer inklusive eines reichhaltigen Frühstücks. Wer so untergebracht ist, gewinnt obendrein einen Einblick in die britische Wohnkultur und lernt so mehr über das Land. Wo immer man ein Schild mit der Aufschrift bed and breakfast sieht, kann man einfach klingeln und nach-fragen. Oder man begibt sich ins Fremdenverkehrsbüro (tourist office) und lässt sich gegen eine Gebühr von um die fünf Pfund eine solche Unterbringung vermitteln.

Wo gibt es hier ☐?	Where can I find ☐? [u̯eə kän ai̯ fai̯nd]

E06	☑ ein *einfaches/gutes* Hotel	☑ a *simple/good* hotel [ə 'ßimpl/gudd hou'tell]
E07	☑ eine Pension	☑ a guest house [ə geßt haus]
E08	☑ eine Jugendher- berge	☑ a youth hostel [ə ju:θ 'hoßstl]
E09	☑ einen Campingplatz	☑ a campsite [ə 'kämpßait]
	Wo ist ☐?	Where is ☐? [ueə iß]
E10	☑ die Bar	☑ the bar [ðə ba:]
E11	☑ der Speisesaal	☑ the dining room [ðə 'daining ru:m]
	Gibt es ☐?	Is there ☐? [iß ðeə]
E12	☑ ein Telefon	☑ a telephone [ə 'tellifoun]
E13	☑ einen Fernseher	☑ a TV set [ə ti:l'wi: ßett]
E14	einen Zugang zum Internet	access to the Internet ['äkßeß tu ði 'intənett]
E15	☑ eine Waschma- schine	☑ a washing machine [ə 'uosching mä'schi:n]
E16	☑ einen Trockner	☑ a dryer [ə 'draiə]

Um etwas bitten
Ask for something

	Ich möchte ☐.	I'd like ☐. [aid laik]
E17	☑ ein anderes Zimmer	☑ a different room [ə 'diffrent ru:m]
E18	☑ ein ruhiges Zimmer	☑ a quiet room [ə 'kuaiət ru:m]
E19	☑ ein Nichtraucher- zimmer	☑ a nonsmoking room [ə nann'ßmouking ru:m]
E20	☑ eine zusätzliche Decke	☑ another blanket [ə'naðə 'blänkət]
E21	☑ noch ein Kissen	☑ another pillow [ə'naðə 'pillou]
E22	☑ sauberes Bettzeug	☑ clean bedcovers [kli:n 'bedkawəs]

Sich beschweren
Complain

E23	Das Zimmer riecht unangenehm.	The room doesn't smell very pleasant. [ðə ru:m 'dasnt smell 'weri 'plesnt]
E24	Das Licht geht nicht.	The light isn't working. [ðə la̲i̲t 'isnt 'u̲ö̲aking]
E25	Die Dusche funktioniert nicht.	The shower isn't working. [ðə la̲i̲t/ðə scha̲u̲ə 'isnt 'u̲ö̲aking]
E26	Die Toilette ist verstopft.	The toilet is blocked [ðə 'to̲i̲let iß blockt]
E27	Der Abfluss ist verstopft.	The drain is blocked. [ðə dra̲i̲n iß blockt]
E28	Das Bettzeug ist schmutzig.	The bed linen is dirty. [ðə bedd' linnen iß 'dö̲ati]
E29	Es gibt kein warmes Wasser.	There's no hot water. [ðe̲ə̲ß no̲u̲ hott 'u̲ɔ:tə]
E30	Das Schloss ist kaputt.	The lock doesn't work. [ðə lock 'dasnt 'u̲ö̲ak]

Travelling with children

Mit Kindern reisen

Ganz allgemein
Common concerns

Are any children travelling with you? [a: 'enni 'tschildren 'träwelling ui̯ə ju]	Reisen Sie mit Kindern?
Ja, wir sind mit *Kind/Kindern* unterwegs.	**Yes, *our child is/our children are* travelling with us.** [jeß 'au̯ə tschai̯ld iß/'tschildren a: 'träwelling ui̯ə aß]
How old *is your child/are your children*? [hau̯ ou̯ld iß jɔ: tschai̯ld/a: jɔ: 'tschildren]	Wie alt *ist Ihr Kind/sind Ihre Kinder*?
Er/Sie ist ... Jahre alt.	*He/She* is ... years old. [hi/schi iß ... ji̯aß ou̯ld]
F01 Ist das für Kinder geeignet?	**Is this suitable for children?** [iß ðiß 'ßu:tibl fɔ: 'tschildren]
F02 Gibt es eine Kinderermäßigung?	**Is there a discount for children?** [iß ðeə ə 'dißkau̯nt fɔ: 'tschildren]

Sicherheit
Safety

F03 Ist das auch ungefährlich für Kinder?	**Is this safe for children?** [iß ðiß ßäi̯f fɔ: 'tschildren]
Wir brauchen ☐.	**We need ☐.** [ui̯; ni:d]
F04 ☑ einen Kindersitz für das Auto	☑ **a childen's car seat** [ə 'tschildrenß ka ßi:t]
F05 ☑ einen Kindersitz für das Fahrrad	☑ **a child bicycle seat** [ə tschai̯ld 'bai̯ßikl ßi:t]
F06 ☑ einen Gurt, um das Kind anzuschnallen	☑ **a safety belt for children** [ə 'ßäi̯fti bellt fɔ: 'tschildren]

Unterhaltung
Entertainment

Gibt es hier ☑?	Is there ☑ around here? [iß ðeə ... ə'raund hiə]
F07 ☑ einen Spielplatz	☑ a playground [ə 'pläigraund]
F08 ☑ ein Plantschbecken	☑ a ⒝ paddling (⒜ wading) pool [ə 'päddling ('uäiding) pu:l]
F09 ☑ ein Spielwarenge-schäft	☑ a toy shop [ə toi schopp]
F10 ☑ einen Freizeitpark	☑ a theme park [ə thi:m pa:k]
F11 Gibt es ein Programm mit Kinderunterhal-tung?	Is there a children's entertainment pro-gramme? [iß ðeə ə 'tschildrenß entə'täinment 'prougräm]
F12 Wir brauchen einen Babysitter.	We need a babysitter. [ui; ni:d ə 'bäibißitə]

Beim Essen
Eating

Haben Sie ☑?	Do you have ☑? [du ju häw]
F13 ☑ einen Hochstuhl	☑ a highchair [ə hai'tscheə]
F14 ☑ ein Lätzchen	☑ a bib [ə bibb]
F15 ☑ einen Stillraum	☑ a room for breastfeeding [ə ru:m fɔ: 'breßtfi:ding]
F16 ☑ eine Wickelmög-lichkeit	☑ a ⒝ nappy (⒜ diaper) changing facility [ə 'näppi ('daiəpər) 'tschäindsching fəcilliti]
F17 ☑ ein Kindermenü	☑ a children's menu [ə 'tschildrenß 'mennju]
F18 Bieten Sie auch Kin-derportionen an?	Do you offer children's portions? [du ju 'offə 'tschildrenß 'pɔ:schnß]
F19 Könnten Sie das *Fläschchen/Gläschen* aufwärmen?	Could you warm the *bottle/jar*? [kudd ju uɔːm ðə 'bottl/dschaː]

Special
Besondere Bedürfnisse
requirements

Nützliches für behinderte Reisende
Useful phrases for disabled travellers

Ich bin ⬚.	I'm ⬚. [aim]
G01 ☑ behindert	☑ disabled [diß'äibld]
G02 ☑ sehbehindert	☑ visually impaired ['wischjueli im'peed]
G03 ☑ blind	☑ blind [blaind]
G04 ☑ schwerhörig	☑ hard of hearing [ha:d off 'hiering]
G05 ☑ taub	☑ deaf [deff]
G06 Könnten Sie bitte etwas lauter sprechen?	Could you speak up, please? [kudd ju ßpi:k app pli:s]
G07 Würden Sie das für mich aufschreiben?	Could you write this down for me? [kudd ju rait ðiß daun fo: mi]
Gibt es ⬚?	Is there ⬚? [iß ðeə]
G08 ☑ Parkplätze für Behinderte	☑ parking for the disabled ['pa:ing fo: ðə diß'äibld]
G09 ☑ einen Rollstuhl	☑ a wheelchair [ə 'ui:ltscheə]
G10 ☑ eine Rollstuhlauffahrt	☑ a ramp for wheelchairs [ə rämp fo: 'ui:ltscheəs]
G11 ☑ einen Behindertenzugang	☑ access for the disabled ['äkßeß fo: ðə diß'äibld]
G12 ☑ eine Behindertentoilette	☑ a toilet for the disabled [ə 'toilet fo: ðə diß'äibld]
G13 ☑ eine Umziehkabine für Behinderte	☑ a changing room for the disabled [ə 'tschäindsching ru:m fo: ðə diß'äibld]
G14 Ich hätte gern den Schlüssel für die Behindertentoilette.	I'd like the keys for the disabled toilet. [aid laik ðə ki:s fo: ðə diß'äibld 'toilet]
Könnten Sie ⬚?	Could you ⬚? [kudd ju]
G15 ☑ mir helfen	☑ help me [hellp mi]

G16 ☑ mir über die Straße helfen	☑ help me to cross the road [hellp mi tu krɔß ðə roud]
G17 ☑ mir die Tür aufhalten	☑ open the door for me ['oupən ðə dɔː fɔː mi]
G18 Kann ich meinen Blindenhund mitnehmen?	Can I take my guidedog along? [kän ai täik mai 'gaid|dogg əlong]
G19 Kann ich meinen Blindenhund mit hineinnehmen?	Can I take my guidedog inside? [kän ai täik mai 'gaid|dogg in'ßaid]
G20 Ist das für Behinderte geeignet?	Is this suitable for the disabled? [iß ðiß 'ßuːtibl fɔː ðə diß'äibld]
G21 Vielen Dank für Ihre Hilfe.	Thank you very much for your help. [θänk ju 'weri matsch fɔː jɔː hellp]
G22 Danke, aber das schaffe ich allein.	Thank you, but I'll manage on my own. [θänk ju batt ail mänidsch onn mai oun]

Speak to each other
Miteinander sprechen

Bitten und danken
Say please and thank you

H01	Danke (sehr).	Thank you (very much). ['θänk ju ('weri matsch)]
H02	Bitte (sehr)! *(wenn man jdm etw. anbietet)*	There you are. [ðeə ju aː]
H03	*(gern geschehen)*	You're (very) welcome. [jɔː ('weri) 'uellkamm]
H04	Nein, danke.	No thanks. [noṳ 'θänkß]
H05	Herzlichen Dank!	Thank you so much! ['θänk ju ßoṳ matsch]
H06	Das war sehr nett von Ihnen/dir!	That was very kind of you. [ðätt ṳas 'weri kai̯nd off ju]

Begrüßung und Verabschiedung
Hello and good-bye

H07	Guten Morgen!	Good morning! [gudd 'mɔːning]
H08	Hallo/Guten Tag!	Hello! [hell'oṳ]
H09	Guten Abend!	Good evening! [gudd 'iːwning]
H10	Auf Wiedersehen!	Good-bye! [gudd bai̯]
H11	Tschüss!	Bye-bye! [bai̯ bai̯]
H12	Bis *später/morgen*!	See you *later/tomorrow*! [ßiː ju läi̯tə/ tə'moroṳ]

Sich vorstellen und von sich erzählen
Introduce yourself and talk about yourself

H13	Ich heiße ...	My name is ... [mai̯ näi̯m iß]
	Ich bin ☐.	I'm ☐. [ai̯m]
H14	☑ aus Deutschland	☑ from Germany [fromm 'dschöamenni]
H15	☑ aus Österreich	☑ from Austria [fromm 'ɔßtria]
H16	☑ aus der Schweiz	☑ from Switzerland [fromm 'ßu̯itßələnd]

☑ ... Jahre alt.	☑ ... years old. [jiəß ould]
H17 ☑ verheiratet	☑ married ['märrid]
H18 ☑ geschieden	☑ divorced [di'vɔːßt]
H19 ☑ ledig	☑ single ['ßingll]
H20 Ich mache hier Urlaub.	I'm on ⒝ holiday (⒜ vacation). [aim onn 'hollidäi ('wäi'käischn)]
Ich wohne im ... Hotel.	I'm staying at the ... hotel. [aim 'ßtäiing ätt ðə ... hou'tell]
Ich bleibe noch ... *Tage/Wochen*.	I'm staying another ... *days/weeks*. [aim 'ßtäiing ə'naðə ... däiß/ui:kß]
Ich bin ... von Beruf.	I work as a .... [ai uöak əs ə]
H21 Ich bin selbstständig.	I'm self-employed. [aim ßellf em'ploid]
H22 Ich bin Student/Studentin.	I'm a student. [aim ə 'ßtju:dnt]
H23 Ich gehe noch zur Schule.	I'm still at school. [aim ßtill ätt ßku:l]
H24 Ich habe Kinder.	I have children. [ai häw 'tschildren]
H25 Ich habe *einen Sohn/ eine Tochter*.	I have *a son/a daughter*. [ai häw ə ßan/ə 'dɔːtə]
Das ist ⍰.	This is ⍰. [ðiß iß]
H26 ☑ mein Mann	☑ my husband [mai 'hasbənd]
H27 ☑ meine Frau	☑ my wife [mai uaif]
H28 ☑ mein Lebensge- fährte	☑ my partner [mai 'pa:tnə]
H29 ☑ meine Lebensge- fährtin	☑ my partner [mai 'pa:tnə]
H30 ☑ mein Freund	☑ my boy-friend [mai 'boi frend]
H31 ☑ meine Freundin	☑ my girl-friend [mai göəl frend]
H32 ☑ ein Freund/eine Freundin	☑ a friend of mine [ə frend off main]

Etwas über den anderen herausfinden
Find out about the other person

H33	Darf ich fragen, wie Sie heißen/du heißt?	May I ask your name? [mäi ai a:ßk jɔ: näim]
H34	Wie geht es Ihnen/dir?	How are you? [hau a: ju]
H35	Danke, gut.	Thanks, I'm fine. ['θänkß aim fain]
H36	Gefällt es Ihnen/dir hier?	How do you like it here? [hau du ju laik it hiə]
H37	Sehr gut.	Great. [gräit]
H38	Geht schon.	Not too bad. [nɔt tu: bäd]
H39	Wie alt sind Sie/bist du?	How old are you? [hau ould a: ju]
H40	Woher kommen Sie?	Where do you come from? [ueə du ju kamm fromm]
H41	Sind Sie/Bist du verheiratet?	Are you married? [a: ju 'märrid]
H42	Was machen Sie/machst du beruflich?	What do you do for a living? [uott du ju du fɔ: ə 'liwing]
H43	Machen Sie/Machst du Urlaub hier?	Are you on ⓑ holiday (ⓐ vacation)? [a: ju onn 'hollidäi ('wäi'käischn)]
H44	Wie lang bleiben Sie/bleibst du noch?	For how long are you staying? [fɔ: hau long a: ju 'ßtäiing]
H45	Wo wohnen Sie/wohnst du?	Where do you live? [ueə du ju liw]

Sich verabreden und jemanden einladen
Dating and inviting somebody

H46	Darf ich Sie/dich zu einem Getränk einladen?	May I invite you for a drink? [mäi ai in'wait ju fɔ: ə drink]

47

H47	Möchten Sie/Möchtest du etwas trinken?	Would you like a drink? [uedd ju laik ə drink]
H48	Sollen wir etwas essen gehen?	How about getting something to eat? [hau ə'baut getting 'sammθing tu i:t]
H49	Hätten Sie Lust/Hättest du Lust, heute Abend auszugehen?	Would you like to go out tonight? [uedd ju laik tu gou aut tu'nait]
H50	Wir treffen uns um ... Uhr.	We'll meet at ... o'clock. [ui:l mi:t ätt ... ə klock]
H51	Wir treffen uns in einer Stunde.	We'll meet in an hour. [ui:l mi:t in än 'auə]
	Wir treffen uns ☐.	We'll meet ☐. [ui:l mi:t]
H52	☑ hier	☑ here [hiə]
H53	☑ im Hotel	☑ at the hotel [ätt ðə hou'tell]
H54	☑ an der Bar	☑ at the bar [ätt ðə ba:]
H55	☑ am Eingang	☑ at the entrance [ätt ði entrənß]
H56	Ich begleite Sie/dich noch nach Hause.	I'll walk you home. [ail ua:k ju houm]
H57	Kann ich Sie (irgendwo) hinfahren?	Can I give you a lift? [kän ai giw ju ə lift]
H58	Kann ich Sie irgendwo absetzen?	Can I drop you somewhere? [kän ai dropp ju 'ßammueə]
H59	Ich hole Sie/dich ab.	I'll pick you up. [ail pick ju app]
H60	Nein danke. Das ist nicht notwendig.	No thanks. That's not necessary. [nou 'θänkß ðättß nott 'neßəßäri]
H61	Ja bitte. Das ist sehr nett von Ihnen.	Yes, please. That's very kind of you. [jeß pli:s ðättß 'weri kaind off ju]
H62	Danke für die Einladung.	Thanks for the invitation. ['θänkß fɔ: ðə inwi'täischn]
H63	Kann ich Sie/dich wiedersehen?	Can I see you again? [kän ai ßi: ju ə'genn]

H64	Ja, sehr gern.	I'd like that very much. [aid laik ðätt 'weri matsch]
H65	Vielleicht.	Maybe. [mäibi]
H66	Ich habe leider keine Zeit.	Sorry, I don't have time. ['ßorri ai dount häw taim]
H67	Lieber nicht.	I'd rather not. [aid 'ra:ðə nott]
H68	Ne danke!	Thanks, but no thanks. [θänkß batt nou θänkß]

Komplimente und wie man darauf reagiert
Compliments

H69	Sie sehen/Du siehst toll aus!	You look great! [ju luck gräit]
H70	Sie haben/Du hast ein nettes Lächeln.	You've got a lovely smile. [juw gott ə 'lavli ßmail]
H71	Sie haben/Du hast wunderschöne Augen.	Your eyes are so beautiful. [jɔ: ais a: ßou 'bjutifəl]
H72	Sie sind/Du bist wunderschön.	You're absolutely beautiful. [jɔ: 'abßəlu:tli 'bjutifəl]
H73	Danke für das Kompliment.	Thanks for the compliment. ['θänkß fɔ: ðə 'kammpliment]
H74	Das war ein sehr schöner Abend.	That was a lovely evening. [ðätt uas ə 'lavli 'i:wning]
H75	Mit Ihnen/dir kann man sich gut unterhalten.	It's nice to talk to you. [itß naiß tu tɔ:k tu ju]
H76	Du gefällst mir sehr.	I think you're great. [ai θink jɔ: gräit]
H77	Übertreiben Sie/Übertreib nicht!	Don't overdo it. [dount 'ouvədu it]
H78	Hör bloß auf!	Forget it! [fɔ:'gett it]

| H79 | Ich bin leider schon vergeben. | Sorry, I'm already taken. [ˈßorri aim ɔːlˈreddi ˈtäikən] |
| H80 | Tut mir leid, du bist nicht mein Typ! | Sorry, you're not my type. [ˈßorri jɔː nott mai taip] |

Zustimmen und ablehnen
Say yes or no to something

I01	Das ist in Ordnung.	That's ok. [ðättß ou'käi]
I02	Ja, bitte.	Yes, please. [jeß pliːs]
I03	Damit bin ich einverstanden.	That's okay for me. [ðättß ou'käi fɔː mi]
I04	Das gefällt mir.	I like it. [ai laik it]
I05	Das möchte ich gern tun.	I'd like to do that very much. [aid laik tu du ðätt 'weri matsch]
I06	Das ist sehr gut.	That's very good. [ðättß 'weri gudd]
I07	Das ist super!	That's fantastic. [ðättß fän'täßtik]
I08	Nein, danke!	No, thank you. [nou θänk ju]
I09	Das gefällt mir nicht.	I don't like it. [ai dount laik it]
I10	Das möchte ich nicht tun.	I don't like to do this. [ai dount laik tu du ðiß]
I11	Das sehe ich anders.	I disagree. [ai dißə'griː]
I12	Das ist schlecht.	That's bad. [ðättß bäd]
I13	Das ist furchtbar.	That's terrible. [ðättß 'terribl]
I14	Das kommt gar nicht in Frage!	That's out of the question! [ðättß aut off ðə 'queßtschn]
I15	Auf keinen Fall!	Absolutely not! ['abßəluːtli nott]

Bedauern ausdrücken und sich entschuldigen

Say you're sorry and apologize

I16	Tut mir leid.	Sorry. ['ßorri]
I17	Das tut mir sehr leid.	I'm so sorry. [a̱im ßo̱u 'ßorri]
I18	Ich möchte mich ent-schuldigen.	I want to apologize. [a̱i u̱ant tu ə'pollədschạis]
I19	Das soll nicht mehr vorkommen.	It won't happen again. [it wo̱unt 'häppn ə'genn]
I20	Da habe ich Sie/dich falsch verstanden.	I misunderstood that. [a̱i mißandə'ßtudd ðätt]
I21	Das war ein Missver-ständnis.	That was a misunderstanding. [ðätt u̱as ə mißandə'ßtänding]
I22	Das war meine Schuld.	That was my mistake. [ðätt u̱as ma̱i miß'tä̱ik]
I23	Das macht doch nichts!	Don't worry, it's ok. [do̱unt 'u̱örri itß o̱u'kä̱i]
I24	Kein Problem.	No problem. [no̱u 'prɔbləm]

All about time
Rund um die Zeit

Die Uhrzeit

The time

Auf den Britischen Inseln ist es immer eine Stunde früher als auf dem europäischen Festland. Statt der mitteleuropäischen Zeit (MEZ) gilt dort nämlich die Greenwich Mean Time (GMT). In den USA gibt es unterschiedliche Zeitzonen. Auf www.zeitzonen.de können Sie jederzeit im Internet nachsehen, wie spät es wo ist.

J01	Wie spät ist es?	What time is it? [u̯ott ta̲i̲m is it]
	Es ist ☑.	It's ☑. [itß]
J02	☑ *ein/zwei/drei* Uhr	☑ *one/two/three* o'clock [u̯ann/tu/θri: ə klock]
J03	☑ *sechs/sieben/acht* Uhr morgens	☑ *six/seven/eight* a.m. [ßix/'ßewn/a̲i̲t a̲i̲ em]
J04	☑ *sechs/sieben/acht* Uhr abends	☑ *six/seven/eight* p.m. [ßix/'ßewn/a̲i̲t pi em]
J05	☑ *drei/vier* Uhr nachmittags	☑ *three/four* o'clock in the afternoon [θri:/fɔ: ə klock in ðə aftənu:n]
J06	*(oder auch)*	☑ *three/four* p.m. [θri:/fɔ: pi em]

Wenn man sichergehen möchte, dass bei der Uhrzeitangabe nicht die Tageszeit verwechselt wird, benutzt man anstelle der Formulierung o'clock eine von zwei Abkürzungen: Gibt man eine Uhrzeit von Mitternacht bis 12 Uhr mittags an, fügt man im Englischen das Kürzel a.m. (*ante meridium*) an. Uhrzeiten zwischen 12 Uhr Mittag und Mitternacht werden mit p.m. (*post meridem*) gekennzeichnet.

J07	☑ achtzehn/ neunzehn/zwanzig Uhr	☑ *six/seven/eight* p.m. [ßix/'ßewn/äit pi em]
J08	☑ halb zehn	☑ half (past) nine [haːf (paːßt) nain]

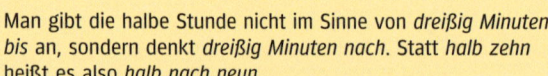

Man gibt die halbe Stunde nicht im Sinne von *dreißig Minuten bis* an, sondern denkt *dreißig Minuten nach*. Statt *halb zehn* heißt es also *halb nach neun*.

J09	☑ Viertel vor fünf	☑ a quarter to five [ə 'quɔːtə tu faif]
J10	☑ Viertel nach vier	☑ a quarter past four [ə 'quɔːtə paːßt fɔː]
J11	☑ zwei Minuten vor sechs	☑ two minutes to six [tu 'minnitß tu ßix]
J12	☑ fünf nach sieben	☑ five past seven [faif paːßt 'sewen]
J13	☑ zu früh	☑ too early [tuː 'öali]
J14	☑ zu spät	☑ too late [tuː läit]
J15	Wann treffen wir uns?	When shall we meet? [uenn schäll ui; miːt]
J16	Um wie viel Uhr?	At what time? [ät uott taim]
J17	um 12 Uhr mittags	at noon [ät nuːn]
J18	um Mitternacht	at midnight [ät 'midnait]
J19	in einer Stunde	in an hour [in än 'auə]
J20	in einer halben Stunde	in half an hour [in haːf än 'auə]
J21	in einer viertel Stunde	in a quarter of an hour [in ə 'quɔːtə off än 'auə]
J22	in *fünf/zehn* Minuten	in *five/ten* minutes [in faif/tenn 'minnitß]
J23	Bis später.	See you later. [ßiː ju läitə]
J24	Bis dann.	See you then. [ßiː ju ðenn]

Die Tageszeiten
The times of day

J25	am Morgen/Vormittag	in the morning [in ðə ˈmɔːning]
J26	am Nachmittag	in the afternoon [in ðə aftəˈnuːn]
J27	am Abend	in the evening [in ði ˈiːwning]
J28	in der Nacht	at night [ät na̯it]
J29	heute Morgen/Vormittag	this morning [ðiß ˈmɔːning]
J30	heute Nachmittag	this afternoon [ðiß aftəˈnuːn]
J31	heute Mittag	at noon today [ätt nuːn tuˈdä̯i]
J32	heute Abend	this evening [ðiß ˈiːwning]
J33	heute Nacht	tonight [təna̯it]
J34	morgen früh	early tomorrow morning [ˈö̯ali təˈmɔro̯u ˈmɔːning]
J35	morgen Vormittag	tomorrow morning [təˈmɔro̯u ˈmɔːning]
J36	morgen Mittag	tomorrow at noon [təˈmɔro̯u ätt nuːn]
J37	morgen Nachmittag	tomorrow afternoon [təˈmɔro̯u aftəˈnuːn]
J38	morgen Abend	tomorrow evening [təˈmɔro̯u ˈiːwning]
J39	morgen Nacht	tomorrow night [təˈmɔro̯u na̯it]
J40	morgens/vormittags	in the morning [in ðə ˈmɔːning]
J41	nachmittags	in the afternoon [in ðə aftəˈnuːn]
J42	abends	in the evening [in ðə ˈiːwning]
J43	nachts	at night [ät na̯it]
J44	tagsüber	during the day [ˈdjuring ðə dä̯i]
J45	vorgestern	the day before yesterday [ðə dä̯i befɔː ˈje̯ßterdä̯i]
J46	gestern	yesterday [ˈje̯ßterdä̯i]
J47	heute	today [tuˈdä̯i]
J48	morgen	tomorrow [təˈmɔro̯u]

| J49 | übermorgen | the day after tomorrow [ðə däi ˈäftə təˈmorou] |

Die Woche
The week

J50	in einer Woche	in a week [in ə ui:k]
J51	in zwei Wochen	in two weeks [in tu ui:kß]
J52	Montag	Monday [ˈmandäi]
J53	Dienstag	Tuesday [ˈtjußdäi]
J54	Mittwoch	Wednesday [ˈuennßdäi]
J55	Donnerstag	Thursday [ˈθö:sdäi]
J56	Freitag	Friday [ˈfraidäi]
J57	Samstag	Saturday [ˈßätədäi]
J58	Sonntag	Sunday [ˈßanndäi]
J59	montags	on Mondays [onn ˈmandäis]
J60	am Dienstag	on Tuesday [onn ˈtjußdäi]
J61	jeden Mittwoch	every Wednesday [ˈewri ˈuennßdäi]
J62	bis Donnerstag	till Thursday [till ˈθö:ßdäi]
J63	Freitag Abend	Friday evening [ˈfraidäi ˈi:wning]
J64	nächsten Samstag	next Saturday [next ˈßätədäi]

Since und for

Für *seit* gibt es zweierlei Übersetzungen. Bezieht man sich auf einen spezifischen Zeitpunkt, heißt es since: The museum has been in existence **since 1985**. – *Das Museum existiert **seit 1985***. Bezieht man sich auf eine Zeitspanne, heißt es for: I have been studying English **for two years** now. – *Ich studiere jetzt **seit zwei Jahren** Englisch.*

J65	seit Sonntag	since Sunday [ßinß 'ßandäi]
J66	seit zwei Tagen	for two days [fɔː tu däis]

Die Monate
The months

J67	In welchem Monat ...?	In which month ...? [in uitsch manθ]
J68	im Januar	in January [in 'dschänjuəri]
J69	Februar	February ['februəri]
J70	März	March [maːtsch]
J71	April	April ['äiprəl]
J72	Mai	May [mäi]
J73	Juni	June [dschuːn]
J74	Juli	July [dschu'lai]
J75	August	August ['ɔːgəßt]
J76	September	September [ßep'tembə]
J77	Oktober	October [ock'toubə]
J78	November	November [nou'wemmbə]
J79	Dezember	December [di'ßemmbə]

Die Jahreszeiten
The seasons

J80	im Frühling	in spring [in ßpring]
J81	Sommer	summer ['ßammə]
J82	Herbst	Ⓑ autumn (Ⓐ fall) ['ɔːtəm (fɔːl)]
J83	Winter	winter ['uintə]
J84	das ganze Jahr über	all year long [ɔːl jiə long]
J85	die Jahreszeit für ...	the season for ... [ðə 'ßiːsən fɔː]

Das Datum
The date

J86	Der Wievielte ist heute?	What's the date today? [u̯ottß ðə dä'it tu'dä̱i]
J87	Heute ist der *Erste/ Zweite/Dritte*.	Today is the *first/second/third*. [tu'dä̱i iß ðə fö̱äßt/'ßeckend/θö̱äd]
J88	Heute ist der vierte Januar.	Today is the fourth of January. [tu'dä̱i iß ðə fɔ:θ off 'dschänjuəri]
J89	am fünften Februar	on the fifth of February [onn ðə fifθ off 'februəri]
J90	bis zum sechsten März	until the sixth of March [an'till ðə ßixθ off ma:tsch]
	Berlin, 7. April 2011 *(in Schriftstücken)*	Berlin, 7th April 2011 [bö:lin ðə sewenθ off äiprəl tuθa̱usend i'lewn]

Feiertage
Public and bank holidays

J91	Heute ist ein Feiertag.	Today's a bank holiday. [tu'dä̱is ə bänk 'hollidä̱i]

Auf den Britischen Inseln sind die Geldinstitute und die meisten Firmen an den Feiertagen geschlossen. Supermärkte, die größeren Einzelhandelsketten und einige andere Geschäfte sind jedoch eingeschränkt geöffnet. Museen und Ausstellungen schließen über die Weihnachtsfeiertage, haben haben aber an anderen Feiertagen meist geöffnet und werden dann von den Einheimischen gern besucht. Am besten erkundigt man sich im Voraus nach den Öffnungszeiten.
In den USA gibt es regional große Unterschiede, wie Öffnungszeiten gehandhabt werden und man sollte sich in jedem Staat neu erkundigen.
Wenn nicht anders angegeben, gelten die hier aufgelisteten Feiertage für die Britischen Inseln **und** die USA.

New Year's Day [nu: ji̯əß dä̱i̱]	Neujahrstag, meist am ersten Januar
May Day [mä̱i̱ dä̱i̱]	britischer Maifeiertag, meist am ersten Mai
Good Friday [gudd 'fra̱i̱dä̱i̱]	britischer christlicher Feiertag: Karfreitag, der Freitag vor dem Ostersonntag
Spring Bank Holiday [ßpring bänk 'hollidä̱i̱]	britischer Feiertag Ende Mai
Late Summer Holiday [lä̱i̱t 'ßammə 'hollidä̱i̱]	britischer Feiertag im August
Christmas Day ['krißməß dä̱i̱]	erster Weihnachtsfeiertag
Boxing Day ['boxing dä̱i̱]	zweiter Weihnachtsfeiertag (nur auf den Britischen Inseln)
St. Andrew's Day [ßäint 'ändru:s dä̱i̱]	schottischer Nationalfeiertag am 30. November

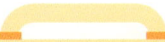

Der heilige Andreas, Schutzpatron Schottlands, war der erste der 12 Apostel Jesu. Er starb als Märtyrer am Kreuz in Patras in Griechenland. 300 Jahre nach seinem Tod wollte der christliche Kaiser Konstantin seine Überreste nach Konstantinopel schaffen lassen. Doch der Mönch Regulus teilte ihm seinen Traum mit, demzufolge die Überreste Sankt Andreas' *nur am Ende der Welt* sicher seien. Also nahm Regulus die Knochen an Bord eines Schiffes und segelte davon. Vor der Ostküste Schottlands ging er an Land und ließ für die Relikte eine Kapelle erbauen. Dort stehen noch heute die Ruinen der später errichteten Kathedrale von St. Andrews, in der die Relikte untergebracht waren.

St. Patrick's Day [ßa͟int ˈpättrickß dä͟i]	irischer Nationalfeiertag und nordirischer Feiertag am 17. März

Ursprünglich war St. Patrick's Day ein rein religiöser Feiertag, an dem man Sankt Patrick, dem Schutzheiligen Irlands, gedachte. Er soll im 4. Jahrhundert vor Christus das Christentum nach Irland gebracht haben. Der Legende nach erklärte er den Iren mithilfe eines dreiblättrigen Kleeblatts das Prinzip der Dreifaltigkeit. Daher kleidet man sich an diesem Festtag grün und schmückt sich mit dem Symbol des Kleeblatts. Seit Ende des letzten Jahrhunderts ist die religiöse Bedeutung des Sankt-Patrick-Tages zunehmend in den Hintergrund getreten und dient mehr und mehr dazu, die irische Kultur zu feiern. Festzüge ziehen durch die Straßen, man trinkt und isst irische Spezialitäten und erfreut sich der irischen Musik.

Battle of the Boyne/Orangemen's Day [ˈbättl off ðə bo͟in/ˈorändschmenß dä͟i]	nordirischer Feiertag am 12. Juli

Am Orangemen's Day marschieren die Anhänger der Logen des Oranierordens durch die Straßen, um an die Schlacht von Boyne im Jahre 1690 zu erinnern. Der protestantische Wilhelm von Oranien (William of Orange) besiegte den katholischen König Jakob II. von England, den man gezwungen hatte, den englischen Thron aufzugeben und der versuchte, wieder an die Regierung zu gelangen. Die Märsche des Oranierordens haben in der Vergangenheit häufig zu gewaltsamen Konflikten geführt, da sie von den irischen Nationalisten und Katholiken als Provokation gewertet werden. Sie gelten noch immer als kontrovers, auch wenn gewaltsame Übergriffe selten geworden sind.

Independence Day/the Fourth of July [indi'pendənß däi/ðə fo̯əθ off dschu'lai]	amerikanischer Natio- nalfeiertag, an dem die Unabhängig- keitserklärung vom 4. Juli 1776 gefeiert wird
Labor Day ['läibər däi]	amerikanischer Tag der Arbeit am ersten Montag im Septem- ber
Thanksgiving Day [θänkß'giwing däi]	amerikanisches Ernte- dankfest am vierten Donnerstag im November

Gastronomic and culinary basics

Gastronomisches und Kulinarisches

So fängt der Tag gut an: frühstücken wie ein König

The way to start the day: a breakfast fit for kings and queens

Full oder continental?

Das ausgiebige Frühstück auf den Britischen Inseln heißt full English, Irish, Scottish oder Welsh breakfast, je nachdem, ob man sich in England, Irland, Schottland oder Wales befindet. Man beginnt das Frühstück mit einer Schale Cornflakes, Müsli etc. (breakfast cereals) oder eingemachten Früchten. Danach geht es mit gebackenen weißen Bohnen in Tomatensoße, gebratenen Würstchen, Schinkenspeckscheiben, Rührei oder pochiertem Ei, gegrillter Tomate, Kartoffelplätzchen und gebratener Blutwurst weiter. Zum Frühstück gehören auch Toastbrot, Butter, Konfitüre und Orangenmarmelade. Es gibt kleine regionale Unterschiede: In Schottland serviert man vorweg Haferflockenbrei und anstelle der Würstchen auch mal Fischfrikadellen. In Wales bekommt man laverbread cakes, gekochten Seetang, der mit Hafermehl zu Küchlein verarbeitet und gebraten wird. Wem das zu viel des Guten ist, der kann nach dem continental breakfast fragen und bekommt dann Toast und vielleicht Croissants, Konfitüren, Honig und (selten) Käse- und Wurstscheiben.

K01	Kann man hier frühstücken?	Do you serve breakfast? [du ju sö̱aw 'breckfäßt]
K02	Wann gibt es Frühstück?	When is breakfast served? [u̱enn iß 'breckfäßt sö̱awt]

Breakfast is served from 8 to 9.30 a.m. ['breckfäßt iß sö̱awt fromm ä̱it tu na̱in ä̱i emm]	Frühstück gibt es von 8 Uhr bis 9.30 Uhr.

Auch in den USA fällt das Frühstück reichlich aus. Dort liebt man Schinkenspeck und Ei aus der Pfanne (bacon and eggs), Pfannkuchen (pancakes), Kartoffelplätzchen (hash browns) und eine große Tasse Kaffee, die man sich ohne Aufpreis immer wieder auffüllen lassen kann.

Ich nehme ☐.	I'll have ☐. [ail häw]
K03 ☑ frisch gepressten Orangensaft	☑ freshly-squeezed orange juice ['freschli ßquiːsd 'arrinndsch dschuːß]
K04 ☑ Grapefruitsaft	☑ grapefruit juice ['gräipfruːt dschuːß]
K05 ☑ *warme/kalte* Milch	☑ *warm/cold* milk [uɔːm/coʊld 'milk]
K06 ☑ (koffeinfreien) Kaffee	☑ (decaffinated) coffee [(diˈkaffinaitet) 'koffi]

In den USA enthält black coffee weder Milch noch Zucker. Auf den Britischen Inseln enthält er keine Milch, kann aber durchaus gesüßt sein.
In amerikanischem white coffee ist Milch und Zucker. Bei den Briten und Iren kann er auch ungesüßt sein.

K07	☑ Tee	☑ tea [tiː]
K08	☑ eine heiße Schokolade	☑ a hot chocolate [ə hott 'tschocklət]
K09	*mit/ohne* Zucker	*with/no* sugar [uiθ/nou 'schuggə]
K10	*mit/ohne* Milch	*with/no* milk [uiθ/nou milk]
K11	mit einem Löffel Zucker	with one sugar [uiθ uann 'schuggə]
K12	mit *zwei/drei* Löffeln Zucker	with *two/three* sugars [uiθ tu/θriː 'schuggəs]

Ich hätte gern ☐ zum Frühstück.	I would like to have ☐ for breakfast. [ai uedd laik tu häw ... fɔ: 'breckfəßt]
K13 ☑ ein weich gekochtes Ei	☑ a soft-boiled egg [ə ßofft boilt egg]
K14 ☑ ein hart gekochtes Ei	☑ a hard-boiled egg [ə ha:d boilt egg]
K15 ☑ Spiegelei	☑ ⓑⓔ fried egg (ⓐⓔ sunny side up eggs) [fraid egg ('ßanni ßaid app eggs)]
K16 ☑ pochiertes Ei	☑ poached egg [poudscht egg]
K17 ☑ Rührei mit Speck	☑ scrambled eggs with bacon [skrämbld eggs uiθ 'bäikən]
K18 ☑ Honig	☑ honey ['hanni]
K19 ☑ Erdbeermarmelade	☑ strawberry jam ['ßtrɔ:beri dschäm]
K20 ☑ Himbeermarmelade	☑ raspberry jam ['ra:sberi jäm]
K21 ☑ Orangenmarmelade	☑ marmelade ['ma:məläid]

Marmelade ist nicht gleich marmelade

Ein britischer Klassiker ist die marmelade, eine bitter-süße Orangenmarmelade, die auf gebuttertem Toast verzehrt wird. Jam ist die Bezeichnung für jede andere Fruchtkonfitüre. Fruitspread zeichnet sich durch einen hohen Fruchtgehalt aus und hat wenig oder gar keinen zugesetzten Zucker.

K22 ☑ Grapefruit	☑ some grapefruit [ßamm 'gräipfru:t]
K23 ☑ Jogurt mit frischen Früchten	☑ yogurt with fresh fruit ['joggət uiθ fresch fru:t]
K24 ☑ eine Schale Müsli	☑ a bowl of muesli [ə boul off 'mju:sli]

K25	☑ Haferflocken	☑ 🇬🇧 porridge (🇺🇸 oatmeal) ['porridsch ('outmiːl)]
K26	☑ Cornflakes	☑ cornflakes ['kɔːnflḁiks]
K27	☑ ein Croissant	☑ a croissant [ə krǫaßɔnt]
K28	☑ ein Brötchen	☑ a roll [ə rǫul]
K29	Könnte ich noch etwas *Brot/Toast* bekommen?	Could I have some more *bread/toast*? [kudd ḁi häw ßamm mɔː bredd/tǫußt]
K30	Gibt es auch ungesalzene *Butter/Margarine*?	Do you have unsalted *butter/margerine*? [du ju häw 'ansɔːltəd 'batə/'maːdschəriːn]

Zum Essen ausgehen
Eat out

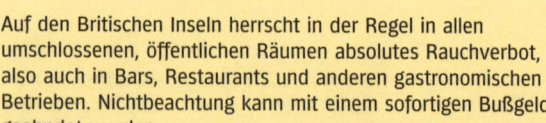

Auf den Britischen Inseln herrscht in der Regel in allen umschlossenen, öffentlichen Räumen absolutes Rauchverbot, also auch in Bars, Restaurants und anderen gastronomischen Betrieben. Nichtbeachtung kann mit einem sofortigen Bußgeld geahndet werden.

K31	Gibt es ein gutes Restaurant in der Nähe?	Is there a good restaurant anywhere near? [iß ðeə ə gudd 'reßtəronnt 'enniǀueə niə]
	Können Sie mir ⍰ empfehlen?	Can you recommend ⍰? [kän ju reckə'mend]
K32	☑ ein *französisches/ indisches/italienisches* Restaurant	☑ a *French/Indian/Italian* restaurant [ə frenntsch/'indiən/i'täliən 'reßtəronnt]
K33	☑ eine Pizzeria	☑ a pizza place [ə 'piːtßa pläiß]
K34	☑ eine Kneipe	☑ a 🇬🇧 pub (🇺🇸 bar) [ə pabb (bar)]

K35 ☑ eine Bar	☑ a bar [ə baː]
K36 ☑ ein Café	☑ a ⒷⒺ coffee shop (ⒶⒺ café) [ə koffi schopp ('käfäi)]

Fish and Chips (Backfisch mit Pommes frites) sind besonders in den britischen Küstengebieten zu empfehlen, denn dort ist der Fisch meist fangfrisch. Sie dürfen unter Kabeljau, Schellfisch, Scholle, Rochen und anderen Fischsorten wählen, je nachdem, was die ansässigen Fischer gefangen haben.

Den richtigen Tisch bekommen
Get the right table

K37	Ich möchte für *19/20* Uhr einen Tisch reservieren.	I'd like to reserve a table for *seven/eight* p.m. [aid laik tu ri'sö̱aw ə 'tä̱ibl fɔ: 'ßewn/ä̱it p: em]
K38	Einen Tisch für *eine Person/fünf Personen*, bitte!	A table for *one/five*, please. [ə 'tä̱ibl fɔ: u̱ann/fa̱if pli:s]
K39	ein Tisch am Fenster	a table at the window [ə 'tä̱ibl ätt ðə 'u̱indou̱]
K40	Könnten wir einen anderen Tisch haben?	Could we have a different table? [kudd u̱i: häw ə 'diffrent 'tä̱ibl]
K41	Wir nehmen diesen da.	We'll take that one. [u̱i:l tä̱ik ðätt u̱ann]
K42	Haben Sie einen Hochstuhl?	Do you have a high chair? [du ju häw ə 'ha̱i tsche̱ə]
K43	Brauchen Sie diesen Stuhl?	Do you need this chair? [du ju ni:d ðiß tsche̱ə]
K44	Ist dieser Tisch noch frei?	Is this table still free? [iß ðiß 'tä̱ibl still fri:]

Bestellen
Order

Are you ready to order? [a: ju 'reddi tu 'ɔ:də]	Möchten Sie jetzt bestellen?
What would you like? [u̱ott u̱edd ju la̱ik]	Was hätten Sie gern?
What can I get you? [u̱ott kän a̱i gett ju]	Was darf ich Ihnen bringen?
Könnten wir/Könnte ich bitte die ⏹ bekommen?	*Could we/I have* the ⏹, please? [kudd u̱i:/a̱i häw ðə ... pli:s]

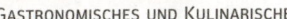

K45 ☑ (Speise)karte	☑ menu ['mennju]
K46 ☑ Kinderkarte	☑ children's menu ['tschildrenß 'mennju]
K47 ☑ Dessertkarte	☑ dessert menu [di'söat 'mennju]
K48 ☑ Getränkekarte	☑ list of beverages [lißt off 'bewəridschis]
K49 ☑ Weinkarte	☑ wine list [uain lißt]
K50 Wir möchten bestellen.	We would like to order. [ui; uedd laik tu ɔːdə]
Ich hätte gern ☑	I'd like ☑ [aid laik]
Wir nehmen ☑	We'll have ☑ [ui;l häw]
☑ ein Glas ...	☑ a glass of ... [ə glaːß off]
☑ eine Flasche ...	☑ a bottle of ... [ə 'bottl off]

Drinks first
Getränke zuerst

fizzy water ['fisi 'ɔːtə]	Mineralwasser mit Kohlen-säure
still water [ßtill 'ɔːtə]	stilles Wasser
apple/orange/grape juice ['äpl/'arrinndsch/ gräip dschuːß]	Apfel-/Orangen-/ Traubensaft
Ribena™ [rai'biːna]	Johannisbeerfruchtsaftge-tränk
Coke™ [kouk]	Cola
lemonade ['lemmənäid]	Limonade
dry/sweet cider [drai/suiːt 'ßaidə]	trockener/lieblicher Apfel-wein
beer [biə]	Bier
lager ['lagə]	untergäriges, helles Bier
ale [äil]	gehaltvolles, obergäriges Bier fast ohne Kohlensäure und mit kräftigem, oft fruchtigem Geschmack
bitter ['bitə]	bernsteinfarbenes, obergä-riges Bier mit trockenem Geschmack
stout [ßtaut]	sehr gehaltvolles, obergäri-ges Bier von dunkelbrau-ner, fast schwarzer Farbe

Kleine Bierkunde

Die Britischen Inseln haben unzählige Sorten von Bier hervorgebracht. Trotzdem trinkt man dort sehr gern ausländisches Bier. So gibt es überall eine Auswahl von einheimischen und ausländischen Bieren. Ein Reinheitsgesetz gibt es allerdings nicht, dafür aber ein großes Angebot aromatisierter Biere. Bierpuristen empfiehlt es sich daher, die Biere von kleinen Brauereien, die auf traditionelle Art gebraut werden, zu probieren.

dry/medium/sweet wine [drai/'mi:djəm/sui:t uain]	trockener/halbtrockener/lieblicher Wein
white wine [uait uain]	Weißwein
rosé wine ['rousei uain]	Rosé
red wine [redd uain]	Rotwein
burgundy ['böägəndi]	Burgunder
sparkling wine [ßpa:kling uain]	Sekt
champagne [scham'päin]	Champagner
spirits ['ßpirits]	Spirituosen
liquor ['lickə]	Hochprozentiges

Zeit für das Essen
Time for food

K51	Gibt es noch warme Küche?	Are you still serving hot food? [a: ju ßtill 'ßöạwing hott fu:d]
K52	Ich möchte nur eine Kleinigkeit essen.	I'll only have a snack. [aịl 'ọunli häw ə snäck]
K53	Geben Sie mir noch zwei Minuten, bitte!	Two more minutes, please. [tu mɔ: 'minnitß pli:s]
K54	Was empfehlen Sie?	What do you recommend? [uọtt du ju reckə'mend]
	Als *Vorspeise/Hauptgericht/Nachspeise* nehme ich …	As a *starter/main course/dessert* I'll have … [əs ə 'sta:ta/mäịn kɔ:ß/di'söạt aịl häw]
	Könnte ich anstelle von A bitte B bekommen?	Could I have B instead of A, please? [kudd aị häw … in'ßtädd off … pli:s]
	Könnte ich noch etwas … haben?	Could I have some more …, please? [kudd aị häw ßamm mɔ: … pli:s]
	Könnte ich noch einen/eine/ein … haben?	Could I have another …, please? [kudd aị häw ə'naðə … pli:s]
K55	Ist das *scharf/mild/sauer/süß*?	Is this *hot/mild/sour/sweet*? [iß ðiß hott/maịld/ßaụə/suị:t]
	Würden Sie bitte ☐ bringen?	Could you bring ☐, please? [kudd ju bring … pli:s]
K56	☑ ein Messer	☑ a knife [ə naịf]
K57	☑ eine Gabel	☑ a fork [ə fɔ:k]
K58	☑ einen Löffel	☑ a spoon [ə ßpu:n]
K59	☑ eine Serviette	☑ a napkin [ə 'näppkin]
K60	… zum Mitnehmen	… 🇬🇧 to take away (🇺🇸 to take out) [tu täịk ə'uäị (tu täịk aụt)]
K61	Guten Appetit!	Enjoy your food! [en'dschọị jɔ: fu:d]

The menu
Die Speisekarte

Starters

melon and ham ['melən änd häm]

Ⓑ prawn (Ⓐ shrimp) cocktail [prɔːn (schrimp) 'kocktäil]

smoked salmon [ßmoukt 'ßämmən]

smoked trout [ßmoukt traut]

snails in garlic butter [ßnäilß in gaːlick 'batə]

stuffed mushrooms [ßtafft 'maschruːmß]

stuffed wine leaves [ßtafft uain liːws]

Salads

Caesar salad ['ßisaː 'ßäləd]

coleslaw ['koulßlɔː]

cucumber salad ['kjukambə ''ßäləd]

Greek salad with feta cheese [griːk 'ßäləd uiθ 'fettə tschiːs]

green/mixed salad [griːn/mixt 'ßäləd]

iceberg lettuce ['aißböəg 'lettiß]

Ⓑ lamb's lettuce (Ⓐ mâche) [lämß 'lettiß (mäsch)]

potato salad ['poutäitou 'ßäləd]

rocket ['rockitt]

Vorspeisen

Melone mit Schinken

Krabbencocktail

Räucherlachs

geräucherte Forelle

Weinbergschnecken mit Knoblauchbutter

gefüllte Pilze

gefüllte Weinblätter

Salate

Cäsarsalat

Krautsalat mit Mayonnaise-dressing, häufig mit Karotten angereichert

Gurkensalat

griechischer Salat mit Feta

grüner/gemischter Salat

Eisbergsalat

Feldsalat

Kartoffelsalat

Ruccola, Rauke

seasonal salad with strips of ham/cheese/turkey ['ßi:snəl 'ßäləd uiθ ßtripß off häm/ tschi:s/töaki:]	Salate der Saison mit Schinken-/Käse-/Putenfleischstreifen
tomato salad [tə'ma:tou 'ßäləd]	Tomatensalat
balsamic vinegar and olive oil dressing [bɔl'ßämick 'winnigə änd 'olliw oil 'dreßing]	Vinaigrette mit Balsamicoessig und Olivenöl
blue cheese dressing [blu: tschi:s 'dreßing]	Mayonnaisedressing mit Blauschimmelkäse
honey and mustard dressing ['hanni änd 'maßta:d 'dreßing]	Honig-Senf-Dressing
Thousand Islands dressing ['θausnd 'ailändß 'dreßing]	Mayonnaisedressing mit Ketchup, Tabascosoße und feingehackten Zwiebeln
vinegar and oil dressing ['winnigə änd oil 'dreßing]	Essig-und-Öl-Dressing
yogurt dressing ['joggət 'dreßing]	Joghurtdressing

Soups

Suppen

bean soup ['bi:n su:p]	Bohnensuppe
chicken soup ['tschickn ßu:p]	Hühnersuppe
cream of asparagus soup [kri:m off ə'ßpärəgäß ßu:p]	Spargelcremesuppe
cream of tomato soup [kri:m off tə'ma:tou ßu:p]	Tomatencremesuppe
fish soup ['fisch ßu:p]	Fischsuppe
leek and potato soup [li:k änd 'poutäitou su:p]	Kartoffel-Lauchsuppe
lentil soup ['lentil ßu:p]	Linsensuppe
noodle soup ['nu:dl ßu:p]	Nudelsuppe
onion soup ['anjən ßu:p]	Zwiebelsuppe
vegetable soup ['wedschtibl ßu:p]	Gemüsesuppe

Light meals

cheese platter [tschi:s ˈplättə]

chicken salad sandwich [ˈtschickn ˈßäləd ˈßänduitsch]

egg and cress sandwich [egg änd kreß ˈßänduitsch]

tuna and mayonnaise sandwich [ˈtuna änd ˈmäijonäis ˈßänduitsch]

cheese/mushroom/ham omlette [tschi:s/ ˈmaschru:m/häm ˈommlət]

hamburger with Ⓑ chips (Ⓐ fries) and ketchup [ˈhämböagə uiθ tschipß (frais) änd ˈketschap]

pork sausages [pɔ:k ˈßaßidschis]

Kleine Gerichte

Käseplatte

Sandwich mit Hühner-Mayonnaise-Salat

Sandwich mit Eier- und Kressesalat

Sandwich mit Thunfisch-Mayonnaisesalat

Omelett mit Käse/Pilzen/Schinken

Hamburger mit Pommes frites und Ketchup

Schweinswürstchen

Meat

beef [bi:f]

lamb [läm]

mutton [ˈmatn]

pork [pɔ:k]

... cutlet [ˈkatlet]

escalope of ... [eßˈkəlopp off]

fillet of ... [ˈfillitt off]

leg of ... [legg off]

mince [minß]

roast ... [roußt]

steak [ßtäik]

well done [uell dann]

medium [ˈmi:djəm]

raw [rɔ:]

Fleisch

Rind

Lamm

Hammel

Schwein

...kotelett

...schnitzel

...filet

...keule

Gehacktes

...braten

Steak

gut durchgebraten

medium, innen rosa

englisch, blutig

rabbit ['räbit]   Kaninchen

game [gä̱im]   Wild

venison ['wennißn]   Hirsch, Reh

saddle of venison ['ßädl off 'wennißn]   Rehrücken

Poultry   Geflügel

chicken ['tschickn]   Huhn, Hähnchen

duck [dack]   Ente

drumstick ['dramm|ßtick]   Hähnchenkeule

goose [gu:ß]   Gans

pheasant ['fäsnt]   Fasan

turkey ['tö̱aki]   Truthahn, Pute

breast or leg [brest ɔ: legg]   Brust oder Keule

Fish and seafood   Fisch und
                                                     Meeresfrüchte

bream [bri:m]   Brasse

cod [kodd]   Kabeljau

coley ['ko̱uli]   Kohlfisch, Köhler

Dover sole ['do̱uwə ßo̱ul]   Seezunge

lemon sole ['lemmən ßo̱ul]   Rotzunge

mackerel ['mäckrəl]   Makrele

monkfish ['mankfisch]   Seeteufel

plaice [plä̱iß]   Scholle

salmon ['ßämmən]   Lachs

sardine ['ßa:din]   Sardine

skate [ßkä̱it]   Rochen

swordfish ['ßo̱adfisch]   Schwertfisch

trout au bleu [tra̱ut o blö:]   Forelle blau

tuna ['tuna]	Thunfisch
clams [kläms]	Venusmuscheln
crab [kräb]	Krebs
scallops [ßkälləpß]	Kammmuscheln
squid [ßkuid]	Tintenfisch
ⒷⒺ prawns (ⒶⒺ shrimps) [prɔ:nß (schrimpß)]	Krabben, Shrimps

Vegetables and Mushrooms Gemüse und Pilze

ⒷⒺ aubergine (ⒶⒺ eggplant) ['oubəschi:n ('eggpla:nt)]	Aubergine
asparagus [ə'ßpärəgəß]	Spargel
baked beans [bäikt bi:ns]	gebackene Bohnen in Tomatensoße
French beans [frenntsch bi:ns]	grüne Bohnen
ⒷⒺ runner beans (ⒶⒺ string beans) ['rannə bi:ns (ßtring bi:ns)]	Prunkbohnen
white beans [uait bi:ns]	weiße Bohnen
broccoli ['brockəli]	Brokkoli
Brussels sprouts ['braßls ßprautß]	Rosenkohl
carrots ['kärottß]	Karotten, Möhren
cauliflower ['cɔ:li 'flauə]	Blumenkohl
ⒷⒺ celeriac (ⒶⒺ celery root) [ße'ləriäck ('ßeləri ru:t)]	Sellerieknolle
celery ['ßeləri]	Staudensellerie
chickpeas ['tschickpi:s]	Kichererbsen
ⒷⒺ courgettes (ⒶⒺ zucchini) [kuəschetts (su'kini)]	Zucchini
green/yellow/red pepper [gri:n/jellou/redd 'peppə]	grüne/gelbe/rote Paprika- schote
leaf spinach [li:f 'ßpinidsch]	Blattspinat

leak [liːk]	Lauch
onion ['anjən]	Zwiebel
peas [piːs]	Erbsen
petit pois ['petti poəs]	junge Erbsen
pumpkin ['pampkinn]	Kürbis
squash [ßquɔsch]	kleine, gelbe Kürbissorte
turnip ['töənipp]	Mairübe
sugar snaps ['schuggə ßnäps]	Zuckerschoten
white/green/red cabbage [uait/griːn/ redd 'käbbidsch]	Grün-/Weiß-/Rotkohl
chanterelles ['tschantərells]	Pfifferlinge
mushrooms ['maschruːms]	Champignons
oyster mushrooms ['oißtə 'maschruːms]	Austernpilze

Method of cooking   Zubereitungsart

baked [bäikt]	gebacken
barbecued ['baːbiːkjuːd]	gegrillt
blanched [blaːntscht]	blanchiert
boiled [boild]	gekocht
braised [bräisd]	geschmort
casserole ['kaßəroul]	≈ Eintopf
coated in breadcrumbs ['koutəd in 'breddkramms]	paniert
deep-fried [diːp fraid]	fritiert
fried [fraid]	gebraten
hotpot ['hottpott]	Fleischeintopf
in sauce [in ßɔːß]	in Soße
marinated [märinäitəd]	mariniert
pickled [pickld]	gepickelt

roasted [roʊstəd]	geröstet, im Ofen gebraten
salted [ßɔːltəd]	gesalzen
sautéed [soʊ'teːid]	mit wenig Fett in der Pfanne gebraten
smoked [ßmoʊkt]	geräuchert
skewer ['ßkjuːə]	Spießchen
soufflé [ßu'fleɪ]	Soufflé
steamed [ßtiːmd]	gedämpft

Accompaniments — Beilagen

baked potato [bäikt poʊ'täɪtoʊ]	Ofenkartoffel
boiled potatoes [boɪld poʊ'täɪtoʊs]	Salzkartoffeln
mashed potatoes [mäscht poʊ'täɪtoʊs]	Kartoffelbrei
ⒷⒺ chips (ⒶⒺ fries) [tschipps (fraɪs)]	Pommes frites
dumpling ['dampling]	Knödel
pasta ['päßtə]	Nudeln
rice [raɪß]	Reis
brown rice [braʊn raɪß]	Naturreis

Herbs and spices — Kräuter und Gewürze

basil ['bäsl]	Basilikum
caraway ['kärəluäi]	Kümmel
chives [tschaɪws]	Schnittlauch
cinmon ['ßinəmən]	Zimt
cloves [kloʊws]	Nelken
cress [kreßß]	Kresse
fennel ['fennl]	Fenchel
garlic ['gaːlick]	Knoblauch

ginger ['dschindschə]	Ingwer
horseradish ['hɔːßrädisch]	Meerrettich
lovage ['lawidsch]	Liebstöckel
marjoram ['maːdschərəm]	Majoran
mint [mint]	Minze
mustard ['maßtəd]	Senf
nutmeg ['nattmegg]	Muskatnuss
parsley [paːßli]	Petersilie
black/green/white pepper [bläck/griːn/uait 'peppə]	scharzer/grüner/weißer Pfeffer
saffron ['ßäffrən]	Safran
sage [ßäidsch]	Salbei
salt [ßɔːlt]	Salz
thyme [taim]	Thymian

Desserts

Nachspeisen

Wir würden gern eine Nachspeise bestellen. | We would like to order dessert, please. [ui; uedd laik tu 'ɔːdə di'sɜ̯at pliːs]

cheesecake ['tschiːskäik]	mit Frischkäse zubereiteter, gehaltvoller Käsekuchen
crème brulée [kreːm bruˈleːi]	steife, sahnige Vanillecreme mit knackiger Karamellschicht
fresh strawberries with cream [fresch 'ßtrɔːlberriːß uiə kriːm]	frische Erdbeeren mit Sahne
fruit salad with cream [fruːt 'ßäläd uiə kriːm]	Obsalat mit (meist flüssiger) Sahne
pudding ['pudding]	süße Mehlspeise

In Großbritannien kann **pudding** zweierlei bedeuten: Es wird zum einen als Synonym ganz allgemein für *Nachspeise* verwendet, aber es kann auch eine spezifischere Bezeichnung für eine warm servierte, süße Nachspeise mit Brot- oder Kuchenteiganteil sein.
In den USA ist es immer eine Bezeichnung für eine süße, auf Milch und Eiern basierende Nachspeise.

vanilla/chocolate/strawberry ice cream [wanilla/'tschocklət/'ßtrɔːberi aɪß kriːm]	Vanille-/Schokoladen-/Erdbeereis
with whipped cream [uɪθ uɪppt kriːm]	mit Schlagsahne
lemon meringue pie ['lemmən məreng paɪ]	Mürbeteigboden mit Zitronenfüllung und Baiserabdeckung
lemon sorbet ['lemmən 'ßɔrbäɪ]	Zitronensorbet
profiteroles [prəfitərᴐulß]	kleine, mit Sahne oder Buttercreme gefüllte Windbeutel

Assorted cheese — Käseauswahl

Caerphilly ['keəfilli]	weißer, krümeliger Käse mit säuerlich-frischem Geschmack
Cheddar ['tscheddə]	weißlicher bis blassgelber Käse mit würzigem, leicht säuerlichem Aroma
Double Gloucester ['dabbl 'glᴐßtə]	orangefarbener, gehaltvoller, Käse mit buttrig-mildem Geschmack
Leicester ['läßtə]	orangefarbener, mild-säuerlicher Käse

Stilton ['ßtiltən]

Blauschimmelkäse mit ausgeprägtem Geschmack und cremiger Konsistenz

Wensleydale ['uenßlidäil]

weißlicher Käse von krümelig-feuchter Konsistenz mit leichtem Honigaroma

Teas, coffees and cakes

Tee, Kaffee und Kuchen

Der Durchschnittsbrite verwendet gern Kaffeepulver. Auch in einfachen Schnellrestaurants und Imbissbuden ist er gang und gäbe. Wenn Sie frischen Kaffee wünschen, sollten Sie nach filter coffee fragen.

a cup/pot of ... [ə kapp/pɔt off]   eine Tasse/Kanne ...

black/green tea [bläck/gri:n ti:]   schwarzer/grüner Tee

herbal tea [höəbl ti:]   Kräutertee

peppermint tea ['peppəmint ti:]   Pfefferminztee

chai latte [tschai 'la:tei]   Gewürztee mit Milch

(decaf) filter coffee ['dicäf 'filtə 'koffi]   (koffeinfreier) Filterkaffee

latte ['la:tei]   Latte macchiato

apple tart ['äpl ta:t]   ungedeckter Apfelkuchen

chocolate cake ['tschocklət käik]   Schokoladenkuchen

Black Forest gateau [bläck foarəßt gätou]   Schwarzwälder Kirschtorte

British specialties

Britische Spezialitäten

bangers and mash ['bängəs änd mäsch]   Würstchen mit Kartoffelbrei

Cumberland sausage ['kambələnd 'ßaßidsch]	kräftig gewürzte Schweinswurst, oft als Wurstschnecke geformt
cawl [kaul]	Waliser Eintopf mit Speck, Lamm- oder Hammelfleisch, Lauch, Kartoffeln und Karotten
Cornish clotted cream [koanisch 'klottid kri:m]	Streichrahm, Spezialität aus Cornwall
Christmas pudding ['krißməß 'pudding]	weihnachtliche, dunkelbraune, dampfgegarte Mehlspeise von mittelfester Konsistenz und rundlicher Form aus Weizenmehl, Dörrobst, Nüssen, Weinbrand, Zucker, Sirup, Eiern und Rindertalg

cream tea

cream tea [kri:m ti:]	schwarzer Tee mit Milch, dazu süße Mürbeteigbrötchen (scones), Streichrahm (clotted cream) und Erdbeerkonfitüre
crumpet ['krammpit]	löchrige, runde Teigware, die man toastet und zum Frühstück verzehrt
custard [kaßta:d]	dickfüssige, hellgelbe, auf Milch, Sahne und Ei basierende Soße; meist süß und mit Vanillegeschmack
haggis ['hägiß]	schottische Spezialität aus gehackten Innereien vom Schaf, vermengt mit Hafermehl, Zwiebeln, Salz, Pfeffer und Gewürzen; im Schafsmagen gekocht und mit Kartoffelbrei und Mairüben serviert
Irish stew [airisch ßtju:]	Eintopf mit Lamm- oder Hammelfleisch, Kartoffeln, Zwiebeln, Karotten, Rüben, Erbsen und Sellerie
mince pie [minß pai]	Mürbeteigpastetchen mit süß-würziger Füllung aus Rosinen, Zucker, Korinthen, Orangeat, gehackten Mandeln, Fett, Zitronenschale und Weinbrand
mint sauce [mint ßɔ:ß]	Pfefferminzsoße, die zu Lammfleisch gegessen wird

Ploughman's

ploughman's (lunch) ['pla̲umənß (lantsch)]	Brotzeit mit Käse, Brot, Butter, eingelegten Zwiebeln, Chutney, Gurke, Tomate und Staudensellerie
scone [ßkonn]	meist süßes Mürbeteigbrötchen (mit oder ohne Rosinen)
trifle ['tra̲ifl]	süße Schichten aus (von unten nach oben) Obst, Löffelbiskuit, Vanillesoße und Sahne
Welsh rarebit [u̲ellsch 're̲əbit]	mit Käse, Gewürzen und Worcestersoße überbackener Toast
Yorkshire pudding ['jɔːkschə 'pudding]	aus Mehl, Eiern und Milch gemachtes, knuspriges Soufflé; wird zu Braten mit Soße gegessen

American specialties

Amerikanische Spezialitäten

blueberry muffin ['blu:beri 'maffin]	Heidelbeermuffin (kleiner Kuchen aus Rührteig)
chocolate brownie ['tschaklət 'brauni]	flacher, fester, schokoladiger Blechkuchen
bagel (with cream cheese) ['bäigl (uiθ kri:m tschi:s)]	mit Frischkäse gefüllter, kleiner Brotring
club sandwich [klabb 'ßänduitsch]	3-stöckiges Sandwich mit knusprigem Schinkenspeck, Geflügel, Salatblättern und Tomate
BLT [bi:|elll'ti:]	knuspriger Schinkenspeck, Salatblätter und Tomate mit Mayonnaise auf Toast serviert (BLT = bacon, lettuce, tomato)
clam chowder [kläm 'tschaudər]	Muschelsuppe, die es in den verschiedensten regionalen Variationen gibt
clam cakes [cläm käikß]	fritierte Teigbällchen mit Muschelhack
Maine boiled lobster [mäin boild 'labßtər]	gekochter Hummer, mit zerlaufender Butter serviert
tacos ['takous]	dünnes, knuspriges Mais- oder Weizenbrot, mit würzigen Füllungen
southern fried chicken [:ßaðərn fraid 'tschikn]	Hühnerstücke in würziger Panade fritiert oder gebraten
barbecued spare ribs ['barbəkju:d ßper ribbs]	gegrillte Schweinerippchen, mit Soße serviert

Sonderwünsche
Special requirements

L02	Ich esse kein *Fleisch/ Schweinefleisch*.	I don't eat *meat/pork*. [ai dount i:t mi:t/pɔ:k]
L03	Haben Sie auch etwas Vegetarisches?	Do you have any vegetarian dishes? [du ju häw 'enni wedschi'tɛəriən 'dischəs]
L04	Ich trinke keinen Alkohol.	I don't drink alcohol. [ai dount drink 'alkəlholl]
	Ich habe eine Allergie gegen ▣.	I'm allergic to ▣. [aim ə'löǎdschick tu]
L05	☑ Ei	☑ egg [egg]
L06	☑ Glutamat	☑ gluten ['glutən]
L07	☑ Kuhmilch	☑ cow's milk [kauß milk]
L08	☑ Nüsse	☑ nuts [nattß]
L09	☑ Tomaten	☑ tomatoes [tə'ma:touß]
L10	☑ Weizen	☑ wheat [ui:t]
L11	Sind da Nüsse drin?	Does this contain nuts? [das điß kəntäin nattß]
L12	Ist das *koscher/halal*?	Is it *kosher/halal*? [is it 'kouschə/ha'lall]
L13	für Diabetiker geeignet	suitable for diabetics ['ßu:tibl fɔ: daiəbetticks]
L14	Verwenden Sie Biozutaten?	Do you use organic ingredients? [du ju ju:s ɔ:'gännick in'gri:djents]

Beanstanden und loben
Complain and praise

L15	Wir warten schon länger.	We've been waiting for quite a while. [ui:w binn 'uäiting fɔ: quait ə uail]
L16	Das habe ich nicht bestellt.	I didn't order that. [ai 'didnt 'ɔ:də đätt]
L17	Das schmeckt mir nicht.	I don't like it. [ai dount laik it]

L18	Das möchte ich zurückgehen lassen.	Please, take this back.	[pliːs tǟjk ðiß bäck]
L19	Kann ich bitte etwas anderes haben?	Could I have something else, please?	[kudd ai häw 'ßammθing ellß pliːs]
	Das Essen ist ☑.	The food is ☑.	[ðə fuːd iß]
L20	☑ versalzen	☑ too salty	[tuː 'ßɔːlti]
L21	☑ angebrannt	☑ burnt	[böant]
L22	☑ kalt	☑ cold	[koͧld]
L23	☑ nicht richtig gar	☑ not properly cooked	[nott 'proppəli kuckt]
L24	☑ Der Fisch ist nicht frisch.	☑ The fish isn't fresh.	[ðə fisch isnt fresch]
L25	Das Geflügel ist zu trocken.	The poultry is too dry.	[ðə 'poͧltri iß tuː drai]
L26	Das Fleisch ist zu zäh.	The meat is too stringy.	[ðə iß tuː ßtringi]
L27	Es hat *gut/hervorragend* geschmeckt.	The food was *good/excellent*.	[ðə fuːd uas gudd/'ekßələnt]
L28	Das ist sehr lecker!	This is very tasty.	[ðiß iß 'weri 'tǟjßti]

Bezahlen
Paying the bill

Die Rechnung wird in der Regel als Ganzes abkassiert. Wenn sich die Gäste die Rechnung teilen möchten, legen sie das Geld zusammen. Dabei ist es üblich, dass jeder gleich viel dazu beiträgt, egal, was er tatsächlich verzehrt hat.

In einigen Restaurants steht auf der Rechnung service not included. Das bedeutet, dass die Bedienung für ihre Dienste wenig oder gar nicht entlohnt wird und man ein größeres Trinkgeld hinterlassen sollte. Ansonsten reichen auf den Britischen Inseln 5 % bis 7 % des Rechnungsbetrags und in den USA mindestens 10 %.

L29	Die Rechnung, bitte!	The bill, please! [ðə bill pliːs]
L30	Da ist ein Fehler auf der Rechnung.	There seems to be a mistake in the bill. [ðeə siːms tu bi ə miß'täik in ðə bill]
L31	Kann ich mit Kreditkarte zahlen?	Do you take credit cards? [du ju täik 'kreddit kaːds]
L32	Ich zahle in *bar/mit Karte*.	I'll pay *cash/by credit card*. [ail päi käsch/bai 'kreddit kaːd]
L33	Kann ich bitte einen Beleg haben?	Could I have a receipt, please? [kudd ai häw ə ri'ßiːt pliːs]
L34	Der Rest ist für Sie.	Keep the change. [kiːp ðə tschäindsch]
L35	Ich bekomme noch Wechselgeld.	Sorry, I'm waiting for my change. ['ßorri aim 'uäiting fɔː mai tschäindsch]

Time to go shopping
Zeit für den Einkauf

Ganz allgemein
Common concerns

M01	**Wann macht das Geschäft auf?**	When does the shop open? [u̯enn das ðə schopp o̯upən]
M02	**Wann *öffnen/schließen* die Geschäfte?**	When do the shops *open/close*? [u̯enn du ðə schopps o̯upən/klou̯s]
	Gibt es ☑ in der Nähe?	Is there ☑ anywhere nearby? [iß ðeə ... 'enniu̯eə ni̯əba̯i]
M03	☑ **eine Bäckerei**	☑ a bakery [ə 'bä̯ikəri]
M04	☑ **einen Baumarkt**	☑ a ⓑⓔ DIY store (ⓐⓔ building supplies store) [ə di a̯i u̯a̯i ßtɔː ('bilding 'ßəplai ßtɔr)]
M05	☑ **ein Geschäft, das Camping-Zubehör verkauft,**	☑ an outdoors shop [än 'a̯utdɔːs schopp]
M06	☑ **ein Fischgeschäft**	☑ a fishmonger's [ə fisch'mang|gəs]
M07	☑ **einen Flohmarkt**	☑ a flea market [ə 'fliː 'maːkitt]
M08	☑ **ein Juweliergeschäft**	☑ a ⓑⓔ jeweller's (ⓐⓔ jewlry store) [ə 'dschuːələß ('dschuːəlri ßtɔr)]
M09	☑ **ein Kaufhaus**	☑ a department store [ə di'paːtment ßtɔː]
M10	☑ **einen Markt**	☑ a market [ə 'maːkitt]
M11	☑ **eine Metzgerei**	☑ a butcher's [ə 'butschəß]
M12	☑ **ein Obst- und Gemüsegeschäft**	☑ a greengrocer's [ə 'griːngro̯ußəs]
M13	☑ **ein Spielzeuggeschäft**	☑ a toy shop [ə to̯i schopp]
M14	☑ **ein Sportgeschäft**	☑ a sports shop [ə ßpɔːtß schopp]
M15	☑ **einen Supermarkt**	☑ a supermarket [ə 'suːpəmaːkit]
M16	☑ **einen Zeitungshändler**	☑ a news agent [ə njuːs 'ä̯idschənt]

Can I help you? [kän ai hellp ju]	Kann ich Ihnen behilflich sein?
Are you looking for anything in particular? [aː ju lucking fɔː 'enniθing in paːˈtikjulaː]	Suchen Sie etwas Bestimmtes?

M17	Ich suche ...	I'm looking for ... [aim lucking fɔː]
M18	Ich hätte gern ...	I would like ... [ai uedd laik]
M19	Wo finde ich ...?	Where do I find ...? [uea du ai faind]
M20	Verkaufen Sie ...?	Do you sell ...? [du ju ßell]
M21	Ich nehme diesen/diese/dieses hier.	I'll take this one. [ail täik ðiß uann]
M22	Diesen/Diese/Dieses da.	That one. [ðätt uann]

Would you like anything else? [uedd ju laik 'enniθing ellß]	Haben Sie noch einen Wunsch?
Can I get you anything else? [kän ai gett ju 'enniθing ellß]	Darf es noch etwas sein?

M23	Nein danke, das wäre alles.	No thank you, that'll be all. [nou 'θänk ju 'ðättl biː ɔːl]
M24	Könnte ich eine Tüte bekommen?	Could I have a bag? [kudd ai häw ə bäg]
M25	Könnten Sie das als Geschenk einpacken?	ⒷⒺ Could you wrap this as a present (ⒶⒺ Could you gift wrap this)? [kudd ju räpp ðiß əs ə 'presnt (kudd ju gift räpp ðiß)]

Lebensmittel
Food

Milchprodukte	diary products ['deəri 'proddackts]
Vollmilch	whole milk [houl milk]
fettarme Milch	Ⓑ semi-skimmed (Ⓐ 2 %) milk [ßemmi ßkimmd (tu pər'ßent) milk]
Magermilch	skimmed milk [ßkimmd milk]
Joghurt	yogurt ['joggət]
Quark	fromage frais ['froma:sch fräi]

Quark ist auf den Britischen Inseln selten erhältlich und in den Vereinigten Staaten fast gar nicht. Fromage frais, als eine akzeptable Annäherung, ist nur in Großbritannien ein gängiger Begriff, wobei es sich meist um eine süße Variante mit Fruchtzusatz handelt.

Käseaufschnitt	sliced cheese selection [ßlaißd tschi:ß ßi'lєkschn]
Schlagsahne *(noch flüssig)*	whipping cream ['uipping kri:m]
(schon geschlagen)	whipped cream [uippd kri:m]

In Großbritannien und Irland verwendet man zum Kochen und auch für Desserts wie Obssalat gern flüssige Sahne. Die gibt's in vielen Ausführungen. Am häufigsten wird sie als single cream (18 % Fett) oder double cream (48 % Fett) angeboten.
In den USA bekommt man üblicherweise light cream (18 bis 30 % Fett) and heavy cream (36 bis 40 % Fett).

Wurst- und Schinken-aufschnitt	selection of cold meats [ßi'ləkschn off koᴜld miːtß]
geräucherter Schinken	smoked ham [ßmoᴀkd häm]
gekochter Schinken	boiled ham [boᴀild häm]
Salami	salami [ßə'laːmi]
Schinkenwurst	ham sausage [häm 'ßaßidsch]
Leberwurst	ⒷⒺ liver sausage (ⒶⒺ liverwurst) ['liwə 'ßaßidsch ('liwəᴜörßt)]

Erwarten Sie im englischsprachigen Ausland keine landeseigene „Wurstaufschnittkultur", so wie Sie sie aus dem deutschsprachigen Raum gewohnt sind. Es gibt sie nicht. Aber in den großen Supermärkten finden Sie immer eine gute Auswahl von internationalen Wurstspezialitäten, die an der Theke als delicatessen oder continental meats verkauft werden.
Ähnliches gilt für Brot. Briten und Amerikaner bevorzugen Brotsorten mit hohem, fein gemahlenem Weizenanteil und mögen gern geschnittenes, abgepacktes Brot, das mit Dampf gegart wurde und deshalb sehr weich ist. Wer sein Brot mit Kruste mag, sollte immer nach freshly baked bread (frisch gebackenem Brot) Ausschau halten. Die großen Supermarktketten bieten inzwischen auch Schwarz- und Roggenbrot an.

Brot und Gebäck	bread and patisserie [bredd änd pə'tißəriː]
Vollkornbrot	ⒷⒺ wholemeal (ⒶⒺ whole-wheat) bread ['hoᴜlmiːl ('hoᴜluiːt) bredd]
Roggenbrot	rye bread [raᴀi bredd]
Weizenbrot	ⒷⒺ wheat (ⒶⒺ white) bread [uiːt (uait) bredd]

malted wheat bread [mɔːltəd uiːt bredd]	helles Weizenbrot mit einem Hauch von Malzgeschmack

sandwich loaf [ˈßänduitsch louf]	längliches, eckiges, recht weiches Brot, aus dem man die berühmten drei- eckigen Sandwiches macht
white bloomer [uait ˈbluːmə]	traditionelles englisches Weißbrot mit brauner Kruste

Kuchen	cake [käik]
Sahnekuchen	cream cake [kriːm käik]
Gebäck	pastry [ˈpäißtriː]
Blätterteig	puff pastry [paff ˈpäißtri]
Kuchen aus Rührteig	sponge cake [ßpandsch käik]
Berliner/Krapfen	≈ doughnut [ˈdounatt]
Keks	ⒷⒺ biscuit (ⒶⒺ cookie) [ˈbißkət (ˈkuki)]
Blätterteigteilchen	Danish [ˈdäinisch]

Die süßen Gebäckteile aus Blätterteig, die es in allen mögli- chen Variationen gibt, heißen im Vereinigten Königreich *Däni- sche* (Danish). Die Dänen sollen das Backen dieser Spezialität in Wien erlernt und dann damit die Briten erfreut haben. Pro- bieren Sie doch mal die Variation mit Apfel (apple Danish), die von der Supermarktkette Waitrose in England angeboten wird – ein Genuss! Weitere Spezialitäten, die sich anbieten, sind flapjack und shortbread.

ⒷⒺ flapjack (ⒶⒺ granola bar) [ˈfläpdschäck (grəˈnoulə bar)]	sehr süßer Haferflockenrie- gel

Auf den Britischen Inseln versteht man unter flapjack einen in Ahornsirup getränkten Haferriegel, doch in den USA bezeichnet man damit einen Pfannkuchen.

shortbread ['schɔːtbredd]

reichhaltiges, leicht krümeliges Buttergebäck

Obst	fruit [fruːt]
Apfel	apple ['äpl]
Apfelsine	orange ['arrinndsch]
Ananas	pineapple ['pai̯näpl]
Banane	banana [bə'naːnə]
Birne	pear [pe̯ə]

Brombeeren	blackberries ['bläckberis]
Erdbeeren	strawberries ['ßtrɔːberis]
Heidelbeeren	blueberries ['bluːberis]
Himbeeren	raspberries ['raːßberis]
Kirschen	cherries ['tscheris]
Kiwi	kiwi fruit ['kiui fruːt]
Mango	mango ['mängou]
Melone	melon ['melən]
Nektarine	nectarine ['necktəriːn]
Pampelmuse	grapefruit ['gräipfruːt]
Pfirsich	peach [piːtsch]
Pflaume	plum [plamm]
Trauben	grapes [gräipß]

Eine umfassende Auflistung von Gemüsen, Kräutern, Käse-, Fisch- und Fleischsorten sowie Getränken finden Sie im Kapitel *Gastronomisches und Kulinarisches*.

Fertiggerichte	ready-made meals ['reddi mäid miːls]
Gefrierkost	frozen foods ['frousn fuːds]

Wo im Supermarkt …?
Where in the supermarket …?

| M26 | Wo finde ich …? | Where do I find …? [ueə du ai faind] |

in the freezer [in ðə 'fri:sə]	in der Kühltruhe
at the cheese counter [ät ðə tschi:s 'kaunta]	an der Käsetheke
at the meat counter [ät ðə mi:t 'kaunta]	an der Fleischtheke
in the *second/last* aisle [in ðə 'ßeckend/läst ail]	im *zweiten/letzten* Gang
at the *top/bottom* shelf [ät ðə topp/bottəm schellf]	*ganz oben/unten* im Regal

| M27 | Könnten Sie mir bitte zeigen, wo? | Could you show me where, please? [kudd ju schou mi ueə pli:s] |

Wie viel darf es sein?
How much would you like?

Ich hätte gern ☑.	I would like ☑. [ai uedd laik]
M28	☑ ein Kilo …	☑ a kilo of … [ə kilou off]
M29	☑ ein Pfund …	☑ a pound of … [ə paund off]
M30	☑ hundert Gramm …	☑ a hundred grams of … [ə handrəd gräms off]
M31	☑ fünf Scheiben …	☑ five slices of … [faif 'ßlaißəs off]
M32	☑ ein *kleines/großes* Stück …	☑ a *small/large* piece of … [ə ßmɔ:l/la:dsch pi:ß off]
M33	Noch etwas mehr, bitte.	Some more, please. [samm mɔ: pli:s]
M34	Das reicht.	That's enough. [ðättß i'naff]

In der Drogerie und der Apotheke
In the drugstore and the pharmacy

Englische Apotheke

Auf den Britischen Inseln darf ein sogenannter general chemist nur rezeptfreie Medikamente verkaufen. Ein dispensing chemist darf auch auf Rezept verschriebene Medikamente ausgeben und sie sogar selbst zusammenstellen.

pharmacy [ˈfaːməßi]	Apotheke
(dispensing) chemist [(dißˈpennßing) ˈkemmißt]	eine Kombination aus Drogerie und Apotheke, die manchmal auch in große Supermärkte integriert ist
drugstore [ˈdraggstɔː]	Drogerie

In den USA ist drugstore die übliche Bezeichnung für die dort verbreitete Kombination aus Drogerie und Apotheke.

Ich bräuchte ☒.	I'm looking for ☒, please. [aim 'lucking fɔ: ... pliːs]
M35 ☑ Zahnpflegeprodukte	☑ dental care products ['denntl keə 'proddacktß]
M36 ☑ eine *weiche/mittelharte/harte* Zahnbürste	☑ a *soft/medium/hard* toothbrush [ə sofft/ 'miːdjəm/haːd 'tuːθbrasch]
M37 ☑ Zahnpasta	☑ toothpaste ['tuːθpäißt]
M38 ☑ Mundwasser	☑ mouthwash ['mauθuosch]
M39 ☑ Zahnseide	☑ floss [floß]
M40 ☑ Haarpflegeprodukte	☑ hair care products [heə keə 'proddacktß]
M41 ☑ ein Shampoo für *fettiges/trockenes* Haar	☑ a shampoo for *greasy/dry* hair [ə schamm'puː fɔ: griːsi/drai heə]
M42 ☑ eine Pflegespülung	☑ a conditioner [ə kən'dischnə]
M43 ☑ einen Kamm	☑ a comb [ə koum]
M44 ☑ eine Haarbürste	☑ a hairbrush [ə 'heəbrasch]
M45 ☑ Haargummis	☑ 🇬🇧 hair bands (🇺🇸 hair ties) [heə bänds (her tais)]
M46 ☑ Haarspray	☑ hair spray [heə ßpräi]
M47 ☑ Haargel	☑ hair-styling gel [heə 'ßtailing dschell]
M48 ☑ Hautpflegeprodukte	☑ skin care products [ßkinn keə 'proddacktß]
M49 ☑ eine Körperlotion	☑ a bodylotion [ə 'boddilouschn]
M50 ☑ eine Gesichtscreme	☑ a face cream [ə fäiß kriːm]

M51	☑ einen Lippen- schutzstift	☑ lip balm [lipp ba:m]
M52	☑ Rasierschaum	☑ shaving foam ['schäiwing foum]
M53	☑ Rasierwasser	☑ aftershave ['aftaschäiw]
M54	☑ einen Einwegrasie- rer	☑ a disposable razor [ə diß'pouzibl 'räisə]
M55	☑ eine Sonnenschutz- creme	☑ sunscreen ['ßannßkri:n]
M56	☑ Seife	☑ soap [ßoup]
M57	☑ Duschgel	☑ shower gel [schauə dschell]
M58	☑ ein Deodorant	☑ a deodorant [ə di:'oudərənt]
M59	☑ einen Nagelknipser	☑ nail clippers [näil 'klippəs]
M60	☑ eine Schere	☑ a pair of scissors [ə peə off 'ßisəz]
M61	☑ Kosmetik (zum Schminken)	☑ make-up ['mäik app]
M62	☑ einen Lippenstift	☑ a lipstick [ə lippßtick]
M63	☑ Wimperntusche	☑ mascara [mä'ßka:rə]
M64	☑ Make-up (Fundie- rung)	☑ a foundation [ə faun'däischn]
	Verkaufen Sie ☐?	Do you sell ☐? [du ju ßell]
M65	☑ Schmerzmittel	☑ painkillers ['päinkilləs]
M66	☑ Aspirin®	☑ aspirin® ['äßprin]
M67	☑ Ibuprofen®	☑ ibuprofen® [aibju'proufən]
M68	☑ Paracetamol®	☑ paracetamol® [pärə'ßitəmoll]
M69	☑ Pflaster	☑ ⒷⒺ plasters (ⒶⒺ bandaids®) ['pla:ßtəs ('bändäids)]
M70	☑ Kondome	☑ condoms ['konndəms]
M71	☑ Damenbinden	☑ ⒷⒺ sanitary towels (ⒶⒺ sanitary napkins) ['ßänitəri tauluəlß ('ßänitəri 'näpkins)]
M72	☑ Tampons	☑ tampons ['tämponns]

Beim Optiker
At the optician's

M73	Können Sie das reparieren?	Can you fix this? [kän ju fix ðiß]
	Ich brauche ☑.	I need ☑. [ai ni:d]
M74	☑ eine Brille (zum Lesen)	☑ a pair of (reading) glasses [ə peə off ('ri:ding) 'gla:ßəs]
M75	☑ eine Sonnenbrille	☑ a pair of sun glasses [ə peə off ßann 'gla:ßəs]
M76	☑ (*weiche/harte*) Kontaktlinsen	☑ (*soft/rigid*) contact lenses [(sofft'/'rigid) 'konntäckt 'lennsis]
M77	☑ Einweglinsen	☑ daily disposables [däili diß'pousibls]
M78	☑ Kontaktlinsenlösung	☑ contact lens solution ['konntäckt 'lenns 'ßəlu:schn]
M79	☑ Augentropfen	☑ eyedrops ['aidroppß]
M80	Ich bin *kurzsichtig/ weitsichtig*.	I'm *short-sighted/long-sighted*. [aim 'schɔ:tßaitəd/'longßaitəd]
M81	Ich möchte einen Sehtest machen.	I'd like to take a sight test. [aid laik tu täik ə ßait test]

Kleidung und Mode
Clothes and fashion

N01	Darf ich das anprobieren?	May I try this on? [mäi ai trai ðiß onn]
N02	Wo sind die Umkleidekabinen?	Where are the fitting rooms? [ueə a: ðə 'fitting ru:ms]

Does it fit? [das it fit]		Passt er/sie/es?
Er/Sie/Es ist zu ☑.	It's too ☑. [itß tu:]	

N03	☑ klein/groß	☑ small/big [smɔːl/bigg]
N04	☑ eng/weit	☑ tight/loose [taɪt/luːs]
N05	☑ kurz/lang	☑ short/long ['schɔːt/long]
N06	Er/Sie/Es passt sehr gut.	It fits very well. [it fitß 'weri ụell]
N07	Ich nehme ihn/sie/es.	I'll take it. [aɪl täɪk it]
N08	Leider nicht.	I'm afraid not. [aɪm ə'fräɪd nott]
N09	Ich möchte einen anderen/eine andere/ein anderes anprobieren.	I'd like to try on another one. [aɪd laɪk tu traɪ onn ə'naðə ụann]
N10	Der Schnitt gefällt mir nicht so gut.	I'm not sure about the cut. [aɪm nott schụə ə'baụt ðə katt]
N11	Ich suche etwas *Elegantes/Schickes/Modernes*.	I'm looking for something *elegant/smart/modern*. [aɪm 'lucking fɔː 'ßammθing 'eligənt/ßmaːt/'moddən]
N12	Haben Sie das *in einer anderen Farbe/mit einem anderen Muster*?	Do you have this *in a different colour/in a different pattern*? [du ju häw ðiß in ə 'diffrent 'kallə/in ə 'diffrent 'pättən]
N13	Ich überlege es mir noch.	I'll have to think about it. [aɪl häw tu θink ə'baụt it]

What size are you? [ụott ßaɪs aː ju]	Welche Größe haben Sie?

N14	Ich habe Größe ...	I'm a size ... [aɪm ə ßaɪs]
N15	Haben Sie das in Größe ...?	Do you have this in size ...? [du ju häw ðiß in ßaɪs]

Konfektionsgrößen für Herren

D	44	46	48	50	52	54	56	58	60	62
GB	34	36	38	40	42	44	46	48	50	52
USA	S	S	M	M	L	L	XL	XL	XXL	

Konfektionsgrößen für Damen

D	34	36	38	40	42	44	46	48	50
GB	8	10	12	14	16	18	20	22	24
USA	XS	S	S	M	M	L	L	XL	XL

Ich brauche ☐.	I'm looking for ☐. [aim 'lucking fɔ:]
N16 ☑ einen Mantel	☑ a coat [ə ko̯ut]
N17 ☑ eine Jacke	☑ a jacket [ə 'dschäckət]
N18 ☑ eine Regenjacke	☑ a ⓑⓔ waterproof jacket (ⓐⓔ raincoat) [ə 'u̯ɔːtəpruːf 'dschäckət ('räinko̯ut)]
N19 ☑ eine Strickjacke	☑ a cardigan [ə 'kaːdigən]
N20 ☑ ein Kleid	☑ a dress [ə dreß]
N21 ☑ eine Hose	☑ a pair of trousers [ə pe̯ə off 'trau̯səs]
N22 ☑ eine Jeans	☑ a pair of jeans [ə pe̯ə off dschiːns]
N23 ☑ einen Pullover	☑ a sweater [ə 'ßu̯ettə]
N24 ☑ ein Hemd	☑ a shirt [ə schöət]
N25 ☑ eine Bluse	☑ a blouse [ə bla̯us]
N26 ☑ ein Sweatshirt	☑ a sweatshirt [ə 'ßu̯ettschöət]
N27 ☑ einen Rock	☑ a skirt [ə ßköət]
N28 ☑ ein T-Shirt	☑ a T-shirt [ə 'tiː schöət]
N29 ☑ Unterwäsche	☑ underwear ['andəwe̯ə]
N30 ☑ einen BH	☑ a bra [ə braː]

N31	☑ eine Unterhose *(für Frauen)*	☑ a ⒷⒺ pair of knickers (ⒶⒺ underpants) [ə peə off 'nickəs ('andərpänts)]
N32	☑ eine Unterhose *(für Männer)*	☑ ⒷⒺ underpants (ⒶⒺ shorts) ['andəpänts (schɔrtß)]
N33	☑ einen Badeanzug	☑ a swimsuit [ə 'ßuimmßuːt]
N34	☑ eine Badehose	☑ a pair of swimming trunks [ə peə off 'ßuimming trankß]
N35	☑ einen Bademantel	☑ a bathrobe [ə 'baːθroub]
N36	☑ einen (Sonnen)hut	☑ a (sun) hat [ə ßann hätt]
N37	☑ eine Mütze	☑ a wooly hat [ə 'wuːli hätt]
N38	☑ einen Schal	☑ a scarf [ə ßkaːf]
N39	☑ Handschuhe	☑ a pair of gloves [ə peə off glaws]
N40	☑ Socken	☑ socks [ßockß]
N41	☑ Kniestrümpfe	☑ knee-highs ['niːlhaiß]
N42	☑ eine Strumpfhose	☑ a pair of tights [ə peə off taitß]
N43	☑ Stiefel	☑ boots [buːtß]
N44	☑ Sportschuhe	☑ trainers ['träinəs]
N45	☑ Wanderschuhe	☑ hiking boots ['haiking buːtß]
N46	☑ Sandalen	☑ sandals ['ßändls]
N47	☑ Ballerinas	☑ ⒷⒺ pumps (ⒶⒺ ballerinas) [pammps ('bälərinəs)]
N48	☑ hochhackige Pumps	☑ high-heels ['hailhiːls]
N49	☑ (ein Paar) Hausschuhe	☑ (a pair of) slippers [(ə peə off) 'ßippəs]

Schuhgrößen für Herren

D	39	39½	40	40½	41	41½	42	42½	43	43½	44	44½	45
GB	5	5½	6	6½	7	7½	8	8½	9	9½	10	10½	11
USA	5½	6	6½	7	7½	8	8½	9	9½	10	10½	11	11½

Schuhgrößen für Damen

D	36	36½	37	37½	38	38½	39	39½	40	40½	41	41½	42	42½	43
GB	3	3½	4	4½	5	5½	6	6½	7	7½	8	8½	9	9½	10
USA	5	5½	6	6½	7	7½	8	8½	9	9½	10	10½	11	11½	12

N50	Aus welchem Material ist das?	What is this made of? [u̯ott iß ðiß mäi̯d off]
	Ist das ☐?	Is this ☐? [ðiß iß]
N51	☑ reine *Baumwolle/ Wolle*	☑ one hundred per cent *cotton/wool* [u̯ann 'handredd pə ßent 'kottn/wuːl]
N52	☑ reine Seide	☑ pure silk [pju̯ə ßilk]
N53	☑ Kunstfaser	☑ synthetic fiber [ßin'θetick 'fai̯bə]
N54	☑ Leinen	☑ linen ['linnən]

In der Reinigung
At the drycleaner's

N55	Ich möchte das reinigen lassen.	I would like to have this drycleaned. [ai̯ u̯edd lai̯k tu häw ðiß 'drai̯kliːnd]
N56	Bekommen Sie diese Flecken heraus?	Will you be able to remove these stains? [will ju bi äi̯bl tu ri'muːw ðiːs ßtäi̯ns]

N57	Reinigen Sie auch Leder?	Do you also clean leather? [du ju 'ɔːlßou kliːn läðə]
N58	Das ist nicht richtig sauber geworden.	This didn't get properly cleaned . [ðiß 'didnt gett 'proppəli kliːnd]
N59	Der Fleck ist nicht herausgegangen.	The stain didn't come out. [ðə ßtäin 'didnt kamm aut]

Beim Friseur
At the hairdresser's

	Ich hätte gern ☐.	I would like ☐. [ai uedd laik]
N60	☑ die Haare geschnitten	☑ a haircut [ə 'heəkatt]
N61	☑ eine neue Frisur	☑ a new hairstyle [ə njuː 'heəßtail]
N62	☑ einen Kurzhaarschnitt	☑ a short haircut [ə 'schɔːt 'heəkatt]
N63	☑ eine Dauerwelle	☑ a perm [ə pöəm]
N64	☑ helle Strähnchen	☑ highlights ['hailaitß]
N65	☑ dunkle Strähnchen	☑ lowlights ['loulaitß]
N66	☑ die Spitzen geschnitten	☑ the ends trimmed [ðə ends trimd]
N67	☑ eine Maniküre	☑ a manicure [ə 'männikjuə]
N68	☑ eine Pediküre	☑ a pedicure [ə 'pedikjuə]
N69	☑ die *Wimpern/ Augenbrauen* gefärbt	☑ an *eyelash/eyebrow* tint [än 'ailäsch/ 'aibrau tint]
N70	Bitte etwas kürzer.	A little bit shorter, please. [ə 'littl bitt 'schɔːtə pliːs]
N71	Bitte nicht ganz so kurz.	Not quite so short, please. [nott quait ßou schɔːt pliːs]
N72	die Ohren frei	so that the ears are visible [ßou ðätt ðə iəs aː 'wisibl]

N73	Ich habe Spliss.	I've got split ends. [aiw gott ßplitt ends]
N74	mit Waschen und Fönen	including washing and blowdrying [in'klu:ding 'uosching änd :bloudraing]
N75	Tönen	tinting ['tinting]
N76	Färben	colouring ['kaləring]

Im Fotogeschäft
At the photography shop

001	Ich möchte diese Aufnahmen entwickeln lassen.	I would like to have these pictures developed. [ai uedd laik tu häw ði:s 'picktschəs di'velləpd]
002	in matter Qualität	in matt finish [in mätt 'finnisch]
003	in Hochglanzqualität	in glossy finish [in 'gloßi 'finnisch]
004	Könnten Sie diese Bilder ausdrucken?	Could you print out these pictures? [kudd ju print aut ði:s 'picktschəs]
	in Größe ... mal ...	in size ... times ... [in ßais ... taims ...]
	Ich möchte ☐ kaufen.	I would like to buy ☐. [ai uedd laik tu bai]
005	☑ einen Akku	☑ a rechargeable battery [ə ri'tscha:dschibl 'bätəri]
006	☑ eine Batterie	☑ a battery [ə 'bätəri]
007	☑ eine Speicherkarte	☑ a memory card [ə memməri ka:d]
008	☑ ein Ladegerät	☑ a battery charger [ə 'bätəri 'tscha:dschə]
009	☑ ein USB-Kabel	☑ a USB cable [ə ju eß bi: 'käibl]
010	☑ eine Digitalkamera	☑ a digital camera [ə 'didschitl 'kämərə]
011	☑ eine Spiegelreflexkamera	☑ a reflex camera [ə 'riflex 'kämərə]
012	☑ eine Einwegkamera (für Unterwasseraufnahmen)	☑ a disposable camera (for underwater shots) [ə diß'pousibl 'kämərə (fo: andə'uo:tə schotts)]
013	☑ ein Objektiv	☑ a photographic lens [ə fotougräfik lenns]

014 ☑ einen Filter	☑ a filter [ə ˈfilltə]
015 ☑ ein Stativ	☑ a tripod [ə ˈtraipod]
016 ☑ eine Kameratasche	☑ a camera case [ə ˈkämərə käiß]
017 ☑ ein Fernglas	☑ a pair of binoculars [ə peə off baiˈnockjulaːs]

Musik
Music

Ich suche ☐.	I'm looking for ☐. [aim ˈlucking fɔː]
018 ☑ eine CD von ...	☑ a CD by ... [ə ßiːˈdi bai]
019 ☑ das neue Album von ...	☑ the new album from ... [ðə njuː älbəm fromm]
020 Gibt es dieses Lied auf CD?	Is this song available on CD? [iß ðiß ßong əˈwäilibl onn ßiːˈdiː]
021 Kann ich mir das mal anhören?	Could I listen to this? [kudd ai ˈlißn tu ðiß]

Elektrische und elektronische Produkte
Electronic Products und electrical appliances

Ich möchte ☐ kaufen.	I would like to buy ☐. [ai uedd laik tu ... bai]
022 ☑ einen PC	☑ a PC [ə piːˈßiː]
023 ☑ einen Laptop	☑ a laptop [ə ˈläpptopp]
024 ☑ ein Notebook	☑ a notebook [ə ˈnoutbuck]
025 ☑ eine Maus	☑ a mouse [ə maus]
026 ☑ ein Netbook	☑ a netbook [ə ˈnettbuck]
027 ☑ einen MP3-Spieler	☑ an MP3 player [än empiːˈθriː ˈpläiə]
Ich brauche ☐.	I need ☐. [ai niːd]

109

028	☑ einen Adapter	☑ an adaptor [än ə'daptə]
029	☑ einen Kopfhörer *(Ohrstöpsel)*	☑ headphones ['hedfo̯uns]
030	*(mit Bügel für den Kopf)*	☑ a headset [ə 'hedßett]
031	☑ einen Fön®	☑ a hair dryer [ə 'heə 'dra̯iə]
032	☑ einen Rasierapparat	☑ an electric shaver [än i'lecktrick 'schäi̯wə]
033	☑ ein Verlängerungskabel	☑ an BE extension lead (AE extension cord) [än ix'tennschn li:d (ix'tennschn kɔrd)]
034	☑ eine Tastatur	☑ a keyboard [ə 'ki:bɔ:d]
035	☑ einen neuen Akku	☑ a new battery [ə nju: 'bätəri]
036	Die passenden Batterien dafür, bitte.	The batteries that go with it, please. [ðə 'bätəris ðätt go̯u u̯i̯θ it pli:s]

Etwas zum Lesen
Something to read

037	Ich suche einen Buchladen.	I'm looking for a bookshop. [a̯im 'lucking fɔ: ə 'buckschopp]
	Verkaufen Sie ☑ in deutscher Sprache?	Do you sell German ☑? [du ju ßell 'dschö̯amen]
038	☑ Zeitungen	☑ newspapers ['nju:ßpäi̯pəs]
039	☑ Zeitschriften	☑ magazines [mägəsi:ns]
040	☑ Bücher	☑ books [buckß]

Etwas zum Schreiben
Something to write

041	Gibt es hier ein Schreibwarengeschäft?	Is there a stationer's anywhere near? [iß ðeə ə 'ßtäi̯schnäß 'enniu̯eə niə]

Daunt Bookshop in Marylebone High Street, London

Ich bräuchte ☑, bitte.	I need ☑, please. [a̲i ni:d ... pli:s]
042 ☑ einen Bleistift	☑ a pencil [ə 'pennßl]
043 ☑ einen Kugelschreiber	☑ a ⒷⒺ biro® (ⒶⒺ ball-point pen) [ə 'ba̲iro (bɔl point penn)]
044 ☑ einen Füller	☑ a fountain pen [ə 'fa̲untin penn]
045 ☑ Tinte(npatronen)	☑ some ink (cartridges) [ßamm ink ('ka:tridschəs)]
046 ☑ eine Ersatzmine *(für Kugelschreiber)*	☑ an ink refill [än ink 'rifill]
047 ☑ einen Radiergummi	☑ an eraser [än i'räisə]
048 ☑ einen Anspitzer	☑ a pencil sharpener [ə 'pennßl 'scha:pənə]
049 ☑ einen *linierten/ karierten* Block	☑ a *ruled/squared* pad [ə ru:ld/ ßku̲e̲əd päd]

Souvenirs und Geschenke
Souvenirs and presents

Ich suche ein Geschenk für ▯.	I'm looking for a present for ▯. [aim lucking fɔː ə ˈpresnt fɔə]
050 ☑ meine Frau/meinen Mann	☑ my wife/my husband [mai uaif/mai ˈhasbənd]
051 ☑ meine Mutter/meinen Vater	☑ my mother/my father [mai ˈmaðə/mai faːðə]
052 ☑ ein Kind/einen Jungen/ein Mädchen	☑ a child/a boy/a girl [ə tschaild/ə bɔi/ə göəl]
053 Haben Sie etwas typisch *Englisches/ Walisisches/Schottisches*?	Do you have anything typically *English/ Welsh/Scottish*? [du ju häw ˈenniθing ˈtipikəli ˈinglisch/ˈuellsch/ˈßkottisch?]
054 Haben Sie etwas typisch *Irisches/Amerikanisches*?	Do you have anything typically *Irish/American*? [du ju häw ˈenniθing ˈtipikəli ˈairisch/ə'merikən]
055 Ist das Handarbeit?	Is this handmade? [iß ðiß ˈhändmäid]
056 Haben Künstler aus der Region das gemacht?	Is this made by local artists? [iß ðiß mäid bai ˈloukl ˈaːtißtß]
057 Ist das echtes *Silber/Gold*?	Is this real *gold/silver*? [iß ðiß riːl gould/ˈßilwə]
058 Wo ist der Stempel?	Where is the hallmark? [ueə iß ðə ˈhɔːlmaːk]
059 Gibt es ein Echtheitszertifikat dafür?	Does this come with a certificate of authenticity? [da ðiß kamm uiθ ə ßə'tifikət off ɔː'θen'tißəti]

Wenn Sie größere historische Gebäude im Vereinigten Königreich besuchen, die zum National Trust gehören, können Sie in den dazugehörigen Geschenk- und Andenkenläden originelle und qualitativ hochwertige Geschenke mit britischem Flair erstehen und gleichzeitig den National Trust in seinen Tätigkeiten im Denkmalschutz unterstützen.

Große Museen, wie zum Beispiel das Victoria & Albert Museum in London und das Metropolitan Museum in New York haben ebenfalls Geschenkläden mit attraktiven Angeboten.

Ansonsten haben sich Whisky, Shortbread (Butterplätzchen) und Strickprodukte aus Schafswolle – besonders im Karomuster – aus Schottland als sehr beliebt erwiesen. Auch aus Irland bringt man gern Whisky und Wollprodukte mit. In Nordirland kann man obendrein schöne Leinentextilien erstehen. In Wales empfehlen sich Silberschmuck in keltischem Design und Kunsthandwerkliches aus Zinn. Wer sich ein bisschen Zeit nimmt und die Andenkenläden auf den touristischen Straßen meidet, kann in kleinen Kunsthandwerksläden, wo regionale Künstler ihre Einzelstücke verkaufen, individuellere Mitbringsel finden. In den USA hat jeder Staat seine eigenen Spezialitäten. Fragen Sie einfach ihren Gastwirt danach!

Etwas bezahlen
Pay for something

060 Ich zahle in bar.	I'll pay cash. [ail päi käsch]
061 Ich zahle mit Kreditkarte.	I'll pay by credit card. [ail päi bai 'kreddit ka:d]
062 Akzeptieren Sie diese Debitkarte?	Do you take this debit card? [du ju täik ðiß 'debbit ka:d]

Die EC-Karte ist eine Debitkarte. In einigen großen britischen Kaufhäusern können Sie damit zahlen, aber in vielen anderen Geschäften nicht. Fragen Sie lieber nach, bevor Sie eine unangenehme Überraschung erleben. Es empfiehlt sich, wenn man nicht immer in bar bezahlen möchte, eine Kreditkarte dabeizuhaben. Damit kann man so gut wie überall zahlen. Da das Vereinigte Königreich jedoch nicht an der europäischen Währungsreform teilhat, muss man dort zusätzlich mit Währungsumrechnungsprovisionen rechnen. Fragen Sie Ihre Bank, wie hoch die zu erwartenden Gebühren sind.
In wachsendem Maße verlangt man bei Kartenzahlung die Eingabe der Geheimnummer anstelle der Unterschrift.
Noch ein Tipp: Schreiben Sie vor dem Reiseantritt die Nummer Ihrer Karte und die Telefonnummer Ihrer Bank auf, damit Sie bei Verlust sofort die Karte sperren lassen können.

Sign here, please. [ßain hiə pli:s]	Bitte hier unterschreiben.
Your *signature/PIN number*, please. [jɔː 'ßignətscha/pin 'nambə pli:s]	Ihre *Unterschrift/PIN*, bitte.

063 Ich sollte noch Wechselgeld bekommen.	I should get some change back. [ai schudd gett ßamm tschäindsch bäck]
064 Das Wechselgeld stimmt nicht.	The change isn't right. [ðə tschäindsch 'isnt rait]
Es fehlt/fehlen ...	... is/are missing. [iß/a: 'mißing]
065 Kann ich bitte den Kassenbon haben?	Could I have the receit, please? [kudd ai häw ðə ri'ci:t pli:s]
066 Mit der Rechnung stimmt etwas nicht.	There is something wrong with the receipt. [ðeə iß 'ßammθing ronng ụiθ ði ri'ßi:t]

In den USA müssen Sie beim Einkauf auf die Mehrwertsteuer achtgeben. Sie ist im Preis nicht eingeschlossen und variiert von Staat zu Staat. Vermeiden Sie böse Überraschungen an der Kasse, indem Sie sich vorher nach dem Mehrwertsteuersatz erkundigen, den Sie auf den ausgezeichneten Preis noch aufschlagen müssen.

067 Diesen Artikel habe ich nicht gekauft.	I didn't buy this item. [ai 'didnt bai ðiß 'aitəm]

Um den Preis handeln
Negogiate the price

In Geschäften ist das Handeln unüblich, um nicht zu sagen befremdlich. Doch auf den Straßenmärkten, besonders den britischen car boot sales (wo Privatpersonen alles Mögliche aus dem Kofferraum ihres Autos anbieten) und den garage sales, bei denen Leute nach dem Ausmisten vor ihrem Haus oder eben ihrer Garage Verschiedenstes zum Kauf anbieten, darf geschachert werden.

068 Wie viel kostet das?	How much is this? [hau matsch iß ðiß]
069 Es tut mir leid, aber das ist zu teuer.	I'm sorry, but this is too expensive. [aim 'ßorri batt ðiß iß tu: ik'ßpennßiw]
070 Könnte ich eine Ermäßigung bekommen?	Could I get a discount? [kudd ai gett ə 'dißkaunt]

How about ...? [hau ə'baut]	Wie wäre es mit ...?

115

Für … nehme ich es.	I'd take it for … [aid täik it fɔː]
Das ist mein letztes Angebot.	This is my last offer. [ðiß iß mai läst 'offə]
Ich muss es mir noch einmal überlegen.	I'll have to think about it. [ail häw tu θink ə'baut it]
Abgemacht!	It's a deal! [itß ə diːl]

Die Zahlen 071, 072, 073 stehen links neben den Zeilen.

Schnäppchen kann man in den charity shops auf den Britischen Inseln machen. Das sind Geschäfte von wohltätigen Organisationen, die gespendete Waren verkaufen und auf diese Weise die finanziellen Mittel für gute Zwecke aufbringen. Verkauft werden dort gebrauchte Kleidung, Bücher, Porzellan und vieles mehr. Manche Organisationen verkaufen auch handgefertigte Produkte aus Drittweltländern.

Gekauftes umtauschen oder zurückgeben
Change something for something else or return it

Dieser Artikel ☐.	This item ☐. [ðiß 'aitəm]
☐ ist beschädigt	☐ is damaged [iß 'dämmidschd]
☐ funktioniert nicht richtig	☐ doesn't work properly ['dasnt u̯ɔak 'proppəli]
☐ ist nicht, was ich wollte	☐ isn't what I had in mind ['isnt u̯ott ai häd in maind]
Ich möchte ☐.	I'd like to ☐. [aid laik tu]
☐ das umtauschen	☐ change this for something else [tschäinsch ðiß fɔː 'ßammθing ellß]
☐ das zurückgeben	☐ return this [ri'tɔ̈an ðiß]
☐ mein Geld erstattet	☐ get a refund [gett ə 'rifand]
Ein Gutschein wäre auch in Ordnung.	A gift voucher would also be ok. [ə gift 'u̯autschə u̯edd 'ɔːlßou bi: ou̯'käi]

Bank and Post
Bank und Post
Office®

Die Währung
The currency

Die Währung Irlands ist der Euro. Im Vereinigten Königreich ist es das Pfund Sterling (Pound Sterling oder weniger formal the pound, abgekürzt £) und seine Untereinheit ist der penny (abgekürzt p). Ein Pfund entspricht 100 Pence (Plural von penny). Im Internet können Sie unter dem Suchbegriff currency converter schnell eine Webseite finden, auf der Sie den aktuellen Umrechnungskurs ermitteln können.

Münzen gibt es im Wert von 1, 2, 5, 10, 20 und 50 p und £ 1 und £ 2. Banknoten existieren im Wert von £ 5, £ 10, £ 20 und £ 50. In Schottland und Nordirland geben die Notenbanken zusätzlich noch Banknoten über £ 100 heraus. Den seltenen 1-Pfund-Schein drucken nur schottische Notenbanken. Jede der englischen, schottischen und nordirischen Notenbanken bestimmen ihr eigenes Design. Obwohl das schottische und irische Pfund zum selben Währungssystem gehören und im Wert identisch mit dem englischen Pfund sind, kann es passieren, dass sie aus Unwissenheit als Zahlungsmittel in England nicht akzeptiert werden. Doch kein Grund zur Sorge, Sie können dafür in jeder englischen Bank, Bausparkasse oder bei der Post englische Pfund eintauschen.

P01 Ich möchte das gern in *(englische) Pfund/ Dollar* umtauschen.	I would like to exchange this for *pound sterling/dollars*. [ai uedd laik tu ix'tschäindsch diß fɔ: paund ßtöaling/'dolləs]
P02 Wie ist der Wechselkurs heute?	What is today's exchange rate? [uott iß tu'däis ix'tschäindsch räit]

P03	Wie hoch ist die Umrechnungsgebühr?	How much is the commission? [hau matsch iß ðə kə'mischn]
	Ich hätte das Geld gern in ⬚.	Could I have the money in ⬚, please. [kudd ai häw ðə 'manni in … pli:s]
P04	☑ kleinen Scheinen	☑ small banknotes [ßmɔːl 'bänknoutß]
P05	☑ Fünf- und Zehn-Pfund-Scheinen	☑ banknotes of five and ten pounds ['bänknoutß off faif änd tenn paunds]
P06	☑ in Zwanzig- und Fünfzig-Dollar-Scheinen	☑ in banknotes of twenty and fifty dollars [in 'bänknoautß off 'tuenti änd 'fiffti 'dolləs]

Die Währung der USA ist der Dollar. Jeder Dollar hat 100 Cents. Münzen gibt es jeweils für 1 Cent, 5 Cents, 10 Cents, 25 Cents, 50 Cents und 1 Dollar. Scheine gibt es für jeweils 1 Dollar, 2 Dollars, 5 Dollars, 10 Dollars, 20 Dollars, 50 Dollars und 100 Dollars. Passen Sie gut auf, denn die Dollarscheine sind alle gleich groß und einen 1-Dollar-schein und einen 100-Dollarschein hat man schnell verwechselt!

Geld besorgen
Get some money

P07	Gibt es einen Geldautomaten in der Nähe?	Is there an ⒷⒺ ATM (ⒶⒺ cash machine) anywhere near? [iß ðeə än 'aijtiːlem (käsch mə'schiːn) 'enniĮueə niə]
P08	Wo ist die nächste Bank?	Where is the next bank? [ueə iß ðə next bänk]
P09	Ich möchte diesen Reisescheck einlösen.	I'd like to cash in this traveller's cheque. [aid laik tu käsch in ðiß 'träwləs tscheck]

EC-Karte oder Kreditkarte?

Mit EC-Karte und PIN kann man auf den Britischen Inseln an vielen Automaten Geld abheben. Möglicherweise müssen Sie mit Währungsumrechnungsprovisionen rechnen. Hinzu kommen die Abhebungsgebühren, die auch in Deutschland an institutsfremden Automaten anfallen würden. Ähnliches gilt für die Kreditkarte, doch mit ihr kann man an fast allen Automaten Geld bekommen. Einige deutsche Banken haben jedoch Partnerbanken im Vereinigten Königreich, an deren Geldautomaten Sie gebührenfrei abheben können. Am besten Sie erkundigen sich bei Ihrer Bank nach der Höhe der Gebühren und möglichen Partnern im Ausland.

In der Post
In the Post Office®

Die Post im Vereinigten Königreich heißt Royal Mail. Briefe aus dem Vereinigten Königreich verschickt man per Airmail (Luftpost). Zur Zeit der Entstehung dieses Sprachführers muss man wie folgt dafür bezahlen:

Gewicht	innerhalb Europas	Rest der Welt
Standardbrief bis 10 g	56 Pence	62 Pence
Standardbrief bis 20 g		90 Pence
Postkarte		62 Pence

Ich bräuchte ⬚.	I need ⬚, please. [a͜i niːd ... pliːs]
P10 ☑ einen Briefum-schlag	☑ an envelope [än ˈenvəlo͜up]
P11 ☑ eine Briefmarke	☑ a stamp [ə ßtämp]
P12 ☑ die passende Brief-marke	☑ the right postage [ðə ra͜it ˈpo͜ußtidsch]
Ich möchte ⬚ aufge-ben.	I'd like to post ⬚ [a͜id la͜ik tu po͜ußt]
P13 ☑ diese Postkarte	☑ this postcard [ðiß ˈpo͜ußtkaːd]
P14 ☑ diesen Brief	☑ this letter [ðiß ˈlətə]
P15 ☑ dieses Päckchen	☑ this parcel [ðiß ˈpaːßl]
P16 nach Deutschland/nach Österreich/in die Schweiz	to Germany/to Austria/to Switzerland [tu ˈdschö͜amenni/tu ˈɔßtria/tu ˈßu͜itßələnd]
P17 Welche Briefmarke brauche ich dafür?	Which stamp do I need for that? [u͜itsch ßtämp du a͜i niːd fɔː ðätt]

Die Post in den USA heißt U. S. Postal Service. Postkarten in alle Welt verschickt man für 98 Cent. Standardbriefe bis zu einer Unze (ca. 31. g) kosten 1, 24 Dollar.
Die Post in Irland heißt An Post. Im Alltag bezeichnet man Royal Mail wie An Post aber einfach als the Post Office® [ðə po͜ußt ˈoffiß]. In der Republik Irland betragen die Postgebühren für Standardbriefe bis zu 50 g ins Ausland 82 Cent.

Leisure activities
Freizeitaktivitäten

Ganz allgemein
Common concerns

Wie viel kostet der Eintritt für ⬚?	How much is the admission for ⬚? [hau matsch iß ðə əd'mischn fɔː]
Q01 ☑ Kinder und Schüler	☑ children ['tschildren]
Q02 ☑ Studenten	☑ students ['ßtuːdntß]
Q03 ☑ Erwachsene	☑ adults ['ädaltß]
Q04 ☑ Senioren	☑ Ⓑ OAPs (Ⓐ senior citizens) [oulǟj'piːß ('ßiːniər 'ßittisns)]
Q05 ☑ Gruppen	☑ groups [gruːpß]
Q06 Gibt es eine Ermäßigung?	Are there any discounts? [aː ðeə 'enni 'dißkaunts]
Q07 Zwei Erwachsene und ein Kind, bitte.	Admissions for two adults and a child, please. [əd'mischns fɔː tu 'ädaltß änd ə tschaild pliːs]
Wann *öffnet/schließt* ⬚?	When does ⬚ *open/close*? [uenn das ... 'oupən/clous]
Q08 ☑ das Museum	☑ the museum [ðə muː'siəm]
Q09 ☑ die Ausstellung	☑ the exhibition [ðə exi'bischn]
Q10 ☑ der Themenpark	☑ the theme park [ðə θiːm paːk]
Q11 ☑ der Vergnügungspark	☑ the fun park [ðə fann paːk]
Gibt es ⬚?	Is there ⬚? [iß ðeə]
Q12 ☑ einen Geschenkladen	☑ a gift shop [ə gift schopp]
Q13 ☑ ein Café	☑ a coffee shop [ə 'koffi schopp]
Q14 ☑ ein Restaurant	☑ a restaurant [ə 'reßtəronnt]
Q15 ☑ eine Garderobe	☑ a cloakroom [ə 'kloukruːm]

No entry for children. [nou 'entri fɔː 'tschildren]	Kinder haben keinen Zutritt.

only when accompanied by *an adult/a parent* or legal guardian ['ọunli ụenn ə'kampənid baị än 'ädalt/ə 'pẹarənt ɔː liːgl 'gaːdjən]	nur in Begleitung *eines Erwachsenen/ eines Elternteils* oder Erziehungsberechtig- ten

Q16	Was kostet *der Kurs/ eine Unterrichts- stunde*?	How much is *the course/a lesson*? [hau matsch iß ðə kɔːß/ə 'leßn]
Q17	Was kostet die Teil- nahme?	How much is the participation fee? [hau matsch iß ðə paːtißi'päischn fiː]
Q18	Ich möchte eine Stadtrundfahrt machen.	I'd like to go on a sight-seeing tour. [aịd laịk tu gou onn ə 'ßaịt ßiːling tụə]

Sport
Sport

Wo können wir ☐ spielen?	Where can we play ☐? [ụẹə kän ụi; pläi]
Q19	☑ (Beach-)Volleyball	☑ (beach) volleyball [(biːtsch) 'wollibɔːl]
Q20	☑ Fußball	☑ ⒷⒺ football (ⒶⒺ soccer) ['futtbɔːl (ßakər)]
Q21	☑ Golf	☑ golf [gollf]
Q22	☑ Minigolf	☑ minigolf ['minigollf]
Q23	☑ Tennis	☑ tennis ['tenniß]
Q24	Darf ich mitspielen?	May I join you? [mäi aị dschoịn ju]
Q25	Ich würde gern eine Bergtour machen.	I'd like to go on a hiking tour. [aịd laịk tu gou onn ä haịking tụə]
Q26	Können Sie uns einen *schönen/kurzen* Wan- derweg empfehlen?	Can you recommend a *nice/short* walk? [kän ju reckə'mend ə naịß/schɔːt wɔːk]

Lake Powell und Glen Canyon in Arizona

Wo kann man ⬚ ?	Where can you ⬚? [ueə kän ju]
Q27 ☑ eine Wanderkarte bekommen	☑ get a ⒷⒺ rambler's guide (ⒶⒺ trail guide) [gett ə rämbləs gaid (träil gaid)]
Q28 ☑ angeln	☑ go fishing [gou 'fisching]
Q29 ☑ ein Fahrrad mieten	☑ rent a bicycle [rent ə 'baißikl]
Q30 ☑ ein Mountainbike mieten	☑ rent a mountainbike [rent ə 'mauntən baik]
Q31 ☑ gut joggen	☑ go for a nice jog [gou fɔː ə dschogg]
Q32 ☑ reiten	☑ do horse riding [du hɔːß 'raiding]
Q33 Gibt es in der Nähe eine Reitschule?	Is there a riding school anywhere near? [is ðeə ə 'raiding schkuːl 'enni|ueə niə]

Wassersport
Water sports

Ich würde gern ☐.	I'd like to ☐. [aɪd laɪk tu]
Q34 ☑ Kajak fahren	☑ kayak [ˈkajäk]
Q35 ☑ segeln	☑ go sailing [goʊ ˈßäɪlɪng]
Q36 ☑ kitesurfen	☑ kitesurf [ˈkaɪtßöəf]
Q37 ☑ tauchen	☑ scuba dive [ˈßkuːba ˈdaɪw]
Q38 ☑ Wasserski fahren	☑ water-ski [ˈuɔːtə ßkiː]
Q39 ☑ wellenreiten	☑ surf [ßöəf]
Q40 ☑ windsurfen	☑ windsurf [ˈuɪndßöəf]
Ich möchte ☐ mieten.	I'd like to rent ☐. [aɪd laɪk tu rent]
Q41 ☑ ein Motorboot	☑ a motor boat [ə ˈmoʊtə boʊt]
Q42 ☑ einen Katamaran	☑ a catamaran [ə kättämə'rän]

Q43 ☑ ein Segelboot	☑ a sailing boat [ə'ßäiling boʊt]
Q44 ☑ ein Ruderboot	☑ a ⓑⓔ rowing boat (ⓐⓔ row boat) [ə 'roʊing boʊt (roʊ boʊt)]
Q45 ☑ ein Tretboot	☑ a pedal-boat [ə 'peddl boʊt]
Q46 ☑ ein Kajak	☑ a kayak [ə 'kajäck]
Q47 ☑ ein Surfbrett	☑ a surfboard [ə 'ßö:fbɔ:d]
Q48 ☑ eine Taucheraus-rüstung	☑ scuba-diving equipment ['ßku:ba 'daiwing i'kuippment]
Q49 Wie ist der Wellen-gang?	How are the waves? [haʊ a: ðə ʊaiws]
Q50 Ich möchte schwim-men gehen.	I'd like to go swimming. [aid laik tu goʊ 'ßuimming]
Q51 Gibt es ein Frei-/Hallenbad in der Nähe?	Is there an *outdoor/indoor* swimming pool anywhere near? [iß ðeə än 'aʊtdɔ:/'indɔ: 'ßuimming pu:l 'enniʊeə niə]
Q52 Ist das das Nicht-schwimmerbecken?	Is this the learners' pool? [iß ðiß ðə 'lö̈anəs pu:l]
Wo sind die ☐?	Where are the ☐? [ʊeə a: ðə]
Q53 ☑ Duschen	☑ showers ['schaʊəs]
Q54 ☑ Umkleideräume	☑ changing rooms ['tschäindsching ru:ms]
Q55 ☑ Schließfächer	☑ lockers ['lockəs]
Q56 Wo bekomme ich *die passende Münze/den Chip*?	Where do I get *the right coin/the chip*? [ʊeə du ai gett ðə rait koin/ðə tschipp]

Am Strand
On the beach

Q57 Wie komme ich zum Strand?	How do I get to the beach? [haʊ du ai gett tu ðə bi:tsch]
Q58 Darf man hier schwimmen?	Is it ok to swim here? [iß it oʊ'käi tu ßuimm hiə]

Strand von Port Ellen auf Islay

The tide is in. [ðə t̯a̯id iß in]	Es ist Flut.
The tide is out. [ðə t̯a̯id iß a̯ut]	Es ist Ebbe.

Q59 Gibt es gefährliche *Strömungen/Quallen*?	Are there any dangerous *currents/jellyfish*? [a: ðeə 'enni 'da̯indscherəß karəntß/ 'dschellifisch]
Ich möchte ☐ *kaufen/ mieten.*	I'd like to *buy/rent* ☐. [a̯id la̯ik tu ba̯i/rent]
Q60 ☑ einen Sonnen- schirm	☑ a 🅱️ parasol (🅰️ beach umbrella) [ə 'pärəßoll (bi:tsch am'brelə)]
Q61 ☑ einen Strandstuhl	☑ a beach chair [ə bi:tsch tsche̯ə]
Q62 ☑ einen Windschutz	☑ a wind break [ə u̯ind bräik]

Wellness
Wellness

Ich möchte ⬚.	I would like to ⬚. [ai̯ u̯edd lai̯k tu]
R01 ☑ ein Dampfbad nehmen	☑ take a steam bath [täi̯k ə ßti:m ba:θ]
R02 ☑ eine Massage buchen	☑ book a massage [buck ə 'mäßa:sch]
R03 ☑ ein Handtuch leihen	☑ hire a towel [hai̯ə ə 'tau̯lu̯əl]
R04 ☑ einen Bademantel leihen	☑ hire a bathrobe [hai̯ə ə 'batθrou̯b]

Auf den Britischen Inseln und in den USA gilt es als unhöflich, wenn man einen Liegestuhl – so wie in Deutschland durchaus üblich – mit einem Handtuch für sich reserviert und ihn dann aber nicht benutzt. Seien Sie nicht überrascht, wenn jemand in Ihrer Abwesenheit das Handtuch beiseitegeräumt hat und nun auf *Ihrem* Stuhl liegt.

R05	☑ die Sauna benutzen	☑ use the sauna [juːs ðə ˈsɔːnə]
R06	☑ in die Therme gehen	☑ go to the thermal bath [gou tu ðə ˈθöɐml baːθ]
	Ich hätte gern ⬚	I would like ⬚ [ai uedd laik]
R07	☑ ein Gesichtspeeling	☑ a facial peeling [ə ˈfäischl ˈpiːling]
R08	☑ ein Körperpeeling	☑ a body peeling [ə ˈboddi ˈpiːling]
R09	☑ eine Maniküre	☑ a manicure [ə ˈmännikjuə]
R10	☑ eine Pediküre	☑ a pedicure [ə ˈpedikjuə]
	Bieten Sie ⬚ an?	Do you offer ⬚? [du ju ˈoffə]
R11	☑ Ayurveda-Anwendungen	☑ Ayurvedic treatments [ajəˈvedick ˈtriːtmentß]
R12	☑ Anwendungen mit Naturkosmetik	☑ treatments with herbal skin products [ˈtriːtmentß uiθ ˈhöɐbl skinn ˈproddacktß]
	Ich würde gern ⬚ teilnehmen.	I would like to take part ⬚ [ai uedd laik tu täik paːt]
R13	☑ am Yogaunterricht	☑ in the yoga classes [in ðə ˈjougə ˈklaːßis]
R14	☑ am Pilatesunterricht	☑ in the pilates classes [in ðə ˈpilaːtis ˈklaːßis]
R15	☑ an der Meditation	☑ in the meditation [in ðə ˈmediˈtäischn]

Museen und Ausstellungen
Museums and exhibitions

Ich möchte mir diese Ausstellung ansehen.	I would like to see this exhibition. [ai̯ u̯edd lai̯k tu ßi: ðiß exiˈbischn]
Wir gehen ☐.	We are going ☐. [u̯i: a: gou̯ing]
R16 ☑ ins Museum	☑ to the museum [tu ðə mju:ˈsiəm]
R17 ☑ in die Galerie	☑ to the galery [tu ðə ˈgäləri:]
R18 ☑ in den Zoo	☑ to the zoo [tu ðə su:]
Muss man für die Sonderausstellung Eintritt bezahlen?	Do I have to pay for the temporary exhibition? [du ai̯ häw tu pä̱i̯ fɔ: ðə ˈtempərəri exiˈbischn]

Auf den Britischen Inseln ist der Eintritt zu vielen erstklassigen Museen frei, nur für Sonderausstellungen muss man eventuell Eintritt bezahlen. Zur Zeit der Entstehung dieses Sprachführers gilt das z. B. für das British Museum und das Natural History Museum in London, das Museum of Scotland und die National Galleries in Edinburgh, das Ulster Museum in Belfast, das National Waterfront Museum in Swansea und das National Museum of Irland in Dublin.

R19 Verkaufen Sie zu dieser Ausstellung einen Katalog?	Do you sell a catalogue about this exhibition? [du ju ßell ə ˈkätəlogg əˈbau̯t ðiß exiˈbischn]
R20 Ich möchte einen Ausstellungskatalog kaufen.	I'd like to buy an exhibition catalogue. [ai̯d lai̯k tu bai̯ än exiˈbischn ˈkätəlogg]
Ich interessiere mich für ☐.	I'm interested in ☐. [ai̯m ˈintreßtid in]

R21	☑ Gemälde	☑ paintings ['päintings]
R22	☑ Skulpturen	☑ sculptures ['ßkalptschəs]
R23	☑ Geschichte	☑ history ['hißtəri]
R24	☑ naturwissenschaft-liche Ausstellungen	☑ science exhibitions ['ßaiənß exi'bischns]
R25	☑ Technik	☑ technology [teck'nollədschi]

Nachtleben
Nightlife

R26	Wir möchten tanzen gehen.	We want to go dancing. [ui; uant tu gou 'da:nßing]
R27	Welche Musik läuft in diesem Club?	What type of music do they play in this club? [uott taip off 'mjusick du ðäi pläi in ðiß klabb]
R28	Was für Leute gehen dorthin?	What type of people go there? [uott taip off 'pi:pl gou ðeə]
R29	Was zieht man da an?	What is the dress code? [uott iß ðə dreß koud]
R30	Wann macht der Club auf?	When does the club open? [uenn das ðə klabb 'oupən]
R31	Hier ist nichts los.	It's boring here. [itß 'boəring hiə]
R32	Können wir woanders hingehen?	Can we go somewhere else? [kän ui; gou 'ßammueə ellß]
R33	Lass uns einen trin-ken gehen!	Let's go for a drink. [lettß gou fo: ə drink]
R34	Kennen Sie/Kennst du eine nette Kneipe?	Do you know a nice ⒷⒺ pub (ⒶⒺ bar)? [du ju nou ə naiß pabb (bar)]
R35	Hier gefällt's mir.	I like it here. [ai laik it hiə]

Kino, Theater, Konzert
Cinema, theatre, concert

Das Globe-Theater an der Themse in London

R36 Ich würde gern ins Theater gehen.	I would like to go to the theatre. [aɪ ʊedd laɪk tu goʊ tu ðə θiˈetə]
R37 Lass uns ins Kino gehen.	Let's go to the ⓑⒺ cinema(ⒶⒺ movies). [lettß goʊ tu ðə ˈßinəma (ˈmuwiːs)]
R38 Was läuft gerade?	What is showing? [ʊott iß ˈschoʊɪŋ]
Ich möchte ☒ sehen.	I would like to see ☒. [aɪ ʊedd laɪk tu ßiː]
R39 ☑ einen Abenteuerfilm	☑ an adventure film [än ədˈwenntschə film]
R40 ☑ einen Horrorfilm	☑ a horror film [ə ˈhorə film]
R41 ☑ eine Komödie	☑ a comedy [ə ˈkommədi]

R42	☑ eine Liebesge-schichte	☑ a love story [ə law 'ßtɔːri]	
R43	☑ einen Science-Fic-tion-Film	☑ a sci-fi film [ə 'ßai̯ fai̯ film]	
R44	☑ eine Tragödie	☑ a tragedy [ə 'trädschədi]	
R45	☑ einen Trickfilm	☑ a cartoon [ə ka'tuːn]	
R46	Wann fängt *der Film/das Stück/das Kon-zert* an?	At what time does *the film/the play/the con-cert* start? [ätt u̯ott tai̯m das ðə film/ðə pläi̯/ðə 'konnßət staːt]	

It starts at ... o'clock. [it staːtß ätt ... ə klock]		Er/Es fängt um ... Uhr an.

R47	Wann ist er/es zu Ende?	When does it finish? [u̯enn das it 'finnisch]
R48	Wir könnten *in die Oper/zum Konzert* gehen.	We could go *to the opera/to a concert.* [u̯i; kudd gou̯ tu ðə 'oppəra/tu: ə 'konnßət]
	Gibt es noch Karten für ☑?	Are there still tickets for ☑? [a: ðeə ßtill tickətß fɔ:]
R49	☑ die Abendvorstel-lung	☑ the evening performance [ði 'iːwning pə'fɔːmənß]
R50	☑ die Matinée	☑ the matinée [ðə 'mätinäi̯]
	Wie viel kosten die Plätze ☑?	How much are the tickets for seats ☑? [hau̯ matsch a: ðə tickətß fɔ: ßiːtß]
R51	☑ in den vorderen Reihen	☑ in the front rows [in ðə frant rou̯s]
R52	☑ in der Loge	☑ in the box [in ðə box]
R53	☑ in der Mitte	☑ in the middle [in ðə 'midl]
R54	☑ im Parkett	☑ in 🇬🇧 the stalls (🇺🇸 the orchestra) [in ðə stßɔːlß (ði or'keßtrə)]
R55	☑ im ersten Rang	☑ in the 🇬🇧 mezzanine (🇺🇸 balcony) [in ðə 'mesəniːn ('bälkəni)]

R56 Gibt es auch Stehplätze?	Are there any standing-room tickets? [a: ðɛə 'enni ßtänding ru:m 'tickətß]
R57 Ich hätte gern ein Programm.	I'd like a programme. [aid laik ə 'prougräm]

Emergencies

Notfälle

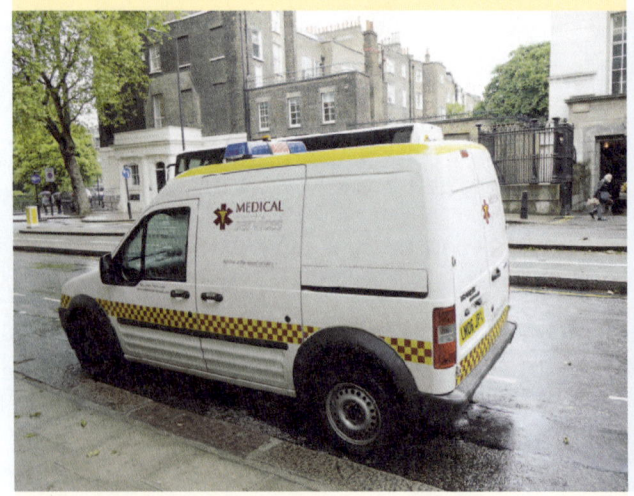

Notruf
Emergency call

> Die wichtigste Notrufnummer auf den Britischen Inseln ist **999**. Damit erreichen Sie eine Vermittlung, die Sie je nach Bedarf an den Rettungsdienst, die Polizei oder die Feuerwehr weiterleitet. Die Nationalpolizei der Republik Irland heißt übrigens Garda. Dementsprechend bezeichnet man die Polizei dort als the Garda und nicht the police.
> Die Notrufnummer in den USA (und übrigens auch Kanada) lautet **911**.

S01	Verbinden Sie mich mit dem Rettungsdienst!	Put me through to the ambulance services! [putt mi θru: tu ðə 'ämbjulənß 'ßöₐwißəß]
S02	Die *Polizei/Feuerwehr*, bitte!	The *police/fire services*, please! [ðə 'pəˈliːß/ 'faiₐ 'ßöₐwißəß pliː]
S03	Kommen Sie schnell zu ...	Come quickly to ... [kamm 'quickli tu]
S04	Es hat *einen Unfall/ eine Schlägerei* gegeben.	There's been *an accident/a fight*. [ðeₐß bin än 'äkßident/ə fait]
S05	Es brennt!	Fire! ['faiₐ]
S06	Hilfe!	Help! [hellp]

Auf der Polizeiwache
In the police station

	Ich möchte ☐.	I'd like to ☐. [aid laik tu]
S07	☑ jemanden anzeigen	☑ press charges against somebody [preß 'tschaːdschəß əˈgennßt 'ßammbədi]

S08 ☑ eine Aussage machen	☑ make a statement [mäik ə 'ßtäitment]
S09 ☑ *einen Diebstahl/ eine Schlägerei* melden	☑ report *a theft/a fight* [ripoːt ə θəft/ə fait]
S10 ☑ eine Vermisstenanzeige machen	☑ report a missing person [ripoːt ə mißing 'pöaßn]
S11 ☑ einen Anwalt sprechen	☑ talk to a **BE** solicitor (**AE** laywer) [toːk tu ə ßɔ'lißitə ('lɔjə)]
S12 ☑ einen Telefonanruf tätigen	☑ make a phone call [mäik ə foun koːl]
Mir wurde mein/e ☑ gestohlen.	My ☑ was stolen. [mai ... uas 'ßtoulən]
S13 ☑ Auto	☑ car [ka]
S14 ☑ Brieftasche	☑ wallet ['uallit]
S15 ☑ Geldbeutel	☑ purse [pöaß]

138

S16	☑ Handy	☑ ⒝ mobile (⒜ cell) phone [ˈmoʊbaɪl (ßell) foʊn]
S17	☑ Handtasche	☑ handbag [hǟndbäg]
	Ich wurde ☒.	I was ☒. [aɪ ṷas]
S18	☑ ausgeraubt	☑ mugged [maggd]
S19	☑ verprügelt	☑ beaten up [ˈbiːtn ap]
S20	☑ vergewaltigt	☑ raped [räipd]
S21	Es gibt *einen/keinen* Zeugen.	There is *a/no* witness. [ðeə iß ə/noʊ ˈṷittnəß]

Beim Arzt und im Krankenhaus

At the doctor's and in hospital

Eine Auslandskrankenversicherung, die auch den Transport in die Heimat miteinschließt, ist auf Reisen immer eine gute Idee. Für die USA ist sie ein Muss, um sich im Notfall eine medizinische Versorgung leisten zu können.
Im Vereinigten Königreich können EU-Bürger im Notfall die Versorgung durch den National Health Service beanspruchen. Die Vorlage des Personalausweises oder Reisepasses genügt, doch es ist empfehlenswert, sich bei seiner Krankenkasse die europäische Versicherungskarte (EHIC) bzw. eine Ersatzbescheinigung zu besorgen. Auch für Irland sollten Sie die EHIC dabeihaben.

S22	Ich brauche einen Arzt.	I need a doctor. [ai̯ niːd ə ˈdɔktə]

Im Vereinigten Königreich ist im Krankheitsfall der Allgemeinmediziner (GP [schdiːˈpiː]) der erste Anlaufpunkt. Zugang zu einem Facharzt gibt es in der Regel nur durch Überweisung.

	Wo ist der/die/das nächste ☐?	Where is the nearest ☐? [u̯eə iß ðə ˈni̯ɑrest]
S23	☑ Arztpraxis	☑ ⒷⒺ doctor's surgery (ⒶⒺ doctor's office) [ˈdɔktəß ˈßö̯ə̯dəschri (ˈdɑktərs ˈɑffis)]
S24	☑ Krankenhaus	☑ hospital [ˈhoßpitl]
S25	☑ Unfallchirurgie	☑ ⒷⒺ accidents and emergencies department (ⒶⒺ emergency room) [ˈäkßidentß änd iˈmö̯ə̯dschənßis diˈpaːtment (iˈmö̯ərdschənßi ruːm)]
S26	☑ Allgemeinmediziner(in)	☑ GP [dschiːˈpiː]
S27	☑ Augenarzt	☑ ⒷⒺ eye specialist (ⒶⒺ eye doctor) [ai̯ ˈßpeschlißt (ai̯ ˈdɑktər)]

S28	☑ Hautarzt	☑ dermatologist [döərmə'tollodschißt]
S29	Das ist meine *Versichertenkarte/Krankenversicherung.*	This is my *health insurance card/health cover.* [ðiß iß mai helθ in'schuərenß ka:d/helθ 'kawə]

Please, take a seat in the waiting room. [pli:s tạịk ə ßi:t in ðə 'uạịting ru:m]	Bitte nehmen Sie im Wartezimmer Platz.

S30	Ich würde lieber mit einer Ärztin sprechen.	I'd prefer my doctor to be a woman. [ạịd pri'föə mại 'docktə tu bi ə 'uọmən]
S31	Ich hatte einen Unfall.	I've had an accident. [ạịw häd än 'äkßident]
S32	Ich habe (starke) Schmerzen.	I'm in (a lot of) pain. [ạịm in (ə lot off) pạịn]
	Es ist ein ☑ Schmerz.	The pain is ☑. [ðə pạịn iß]
S33	☑ andauernder/ ständiger	☑ persistent [pə'ßißtənt]
S34	☑ brennender	☑ burning [bö̱əning]
S35	☑ dumpfer	☑ dull [dall]
S36	☑ stechender	☑ stabbing ['ßtäbbing]

Does this hurt? [das ðiß hö̱at]	Tut das weh?

S37	Hier tut es weh.	This is where it hurts. [ðiß iß ụeə it hö̱atß]
S38	Das tut weh!	This hurts! [ðiß hö̱atß]
	Ich habe mir ☑ gebrochen.	I've broken my ☑. [ạịw 'broukən mại]
S39	☑ den *linken/rechten* Arm	☑ *left/right* arm [lefft/rạịt a:m]
S40	☑ die Rippe/das Schlüsselbein/die Schulter	☑ rib/collarbone/shoulder [ribb/'colləboun/ 'schọụldə]
S41	☑ das Bein/den Fuß/ den Zeh	☑ leg/foot/toe [legg/futt/tọụ]

Ich habe mir ☒ verstaucht.	I've sprained my ☒. [aiw ßpräind mai]
S42 ☒ die Hand/den Finger/den Daumen	☒ hand/finger/thumb [händ/'finglgə/θamm]
S43 ☒ das Handgelenk	☒ wrist [rißt]
S44 Ich möchte, dass das geröntgt wird.	I want this to be X-rayed. [ai uant ðiß tu bi 'exräid]

Are you pregnant? [a: ju 'pregnənt]	Sind Sie schwanger?

S45 Ich fühle mich schwach.	I feel faint. [ai fi:l fäint]
S46 Mir ist *schwindelig/übel*.	I'm *dizzy/nauseous*. [aim 'disi/'nɔ:ßiəß]
S47 Ich musste mich übergeben.	I had to throw up. [ai häd tu ðrou app]
S48 Ich war ohnmächtig.	I lost consciousness. [ai loßt 'konnschəßniß]
S49 Mein *Bauch/Rücken* tut weh.	My *belly/back* hurts. [mai 'belli/bäck höatß]
S50 Ich habe Kopfschmerzen.	I have a headache. [ai häw ə 'heddäik]
S51 *Er hat/Sie hat* Fieber.	*He's/She's* got a temperature. [hi:ß/schi:ß gott ə 'temprətschə]
Können Sie mir ☒ *geben/verschreiben*?	Can you *give me/prescribe* ☒? [kän ju giw mi/pri'ßkraib]
S52 ☒ Antibiotika	☒ antibiotics ['äntibaiɔtickß]
☒ etwas gegen ...	☒ something for ... ['ßammθing fɔ:]
S53 ☒ Schmerzmittel	☒ painkillers ['päinkilləs]
S54 Ich habe Angst vor Spritzen.	I'm afraid of injections. [am ə'fräid off in'dschecktschns]
S55 Ich möchte eine ungebrauchte Spritze.	I'd like an unsused syringe. [aid laik än anju:sd ßi'rindsch]

142

S56 Bitte waschen Sie sich die Hände.	Please, wash your hands. [pli:s uosch jo: händs]
S57 Ich bin *Diabetiker/Epileptiker*.	I'm *a diabetic/an epileptic*. [aim ə 'daiəbetik/än epi'leptik]
S58 *Er/Sie* braucht dringend *Insulin/Medikamente*.	*He/She* needs *insulin/medication* urgently. [hi/schi ni:ds 'inßjulin/medi'käischn 'öadschntli]

Are you taking any medication? [a: ju täiking 'enni medi'käischn]	Nehmen Sie irgendwelche Medikamente ein?

Ja, ich nehme ...	Yes, I take ... [jeß ai täik]

Do you have any allergies? [du ju häw 'enni 'älədschis]	Haben Sie/Hast du irgendwelche Allergien?

Ich bin allergisch gegen ☐.	I'm allergic to ☐. [aim ə'löadschick tu]
S59 ☑ Insektenstiche	☑ insect stings ['inßeckt ßtings]
S60 ☑ Penizillin	☑ penicillin [pe'nißillinn]
Ich habe ☐.	I have ☐. [ai häw]
S61 ☑ Asthma	☑ asthma ['äßmə]
S62 ☑ Atembeschwerden	☑ difficulty breathing ['diffikəlti 'bri:ðing]
S63 ☑ Durchfall	☑ diarrhoea ['daiəriə]
S64 ☑ eine Entzündung	☑ an inflammation [än inflə'mäischn]
S65 ☑ eine Erkältung	☑ a cold [ə kould]
S66 ☑ Grippe	☑ the flu [ðə flu:]
S67 ☑ einen (*schmerzhaften/brennenden*) Hautausschlag	☑ a (*painful/burning*) rash [ə ('päinfəl/'böaning) räsch]

S68	☑ Heuschnupfen	☑ hayfever ['häifiwə]	
S69	☑ Husten	☑ a cough [ə koff]	
S70	☑ einen (tiefen) Schnitt	☑ a (deep) cut [ə (di:p) katt]	
S71	☑ einen Sonnenbrand	☑ a sunburn [ə 'ßannböən]	
S72	☑ eine Verbrennung	☑ a burn [ə böən]	
S73	☑ eine Wunde	☑ a wound [ə wu:nd]	
S74	Ich habe mich verbrannt.	I've burnt myself. [aiw böənt 'maißellf]	
S75	Vielleicht habe ich einen Sonnenstich.	Maybe I've had too much sun. ['mäibi aiw häd tu: matsch ßann]	
S76	Ich bin erkältet.	I have a cold. [ai häw ə kould]	

I'll have to transfer you to a hospital. [ail häw tu 'tranßföə ju tu ə 'hoßpitl]	Ich muss Sie/dich ins Krankenhaus einweisen.
You'll need an operation. [jul ni:d än oppə'räischn]	Sie müssen operiert werden.

S77	Wann werde ich operiert?	When will I be operated on? [uenn uill ai bi 'oppəräitəd onn]

Do you know your blood type? [du ju nou jo: bladd taip]	Welche Blutgruppe haben Sie?

S78	Meine Blutgruppe ist A/B/AB/0 positiv/ negativ.	My blood type is A/B/AB/0 positive/nega-tive. [mai bladd taip iß äi/bi:/äil'bi:/ou 'pasətiw/'negətiw]
S79	Ich will keine Bluttransfusion.	I don't want a blood transfusion. [ai dount uant ə bladd tranß'fju:schn]
S80	Wann darf ich aufstehen?	When am I allowed to get up? [uenn äm ai ə'laud tu gett app]

S81 Schwester, ich brauche Hilfe!	Nurse, I need some help! [nöaß ai ni:d ßamm hellp]
S82 Wann werde ich entlassen?	When will I be discharged? [uenn uill ai bi diß'tscha:dschd]

Beim Zahnarzt
At the dentist's

S83 Kennen Sie einen guten Zahnarzt?	Do you know a good dentist? [du ju nou ə gudd 'dentißt]
S84 Ich habe Zahnschmerzen.	I have a toothache. [ai häw ə tu:θäik]
S85 Das Zahnfleisch ist entzündet.	My gums are inflamed. [mai gamms a: in'fläimd]
S86 Mir ist eine Füllung herausgefallen.	I've lost a filling. [aiw loßt ə 'filling]
S87 Mir ist ein Stück vom Zahn abgebrochen.	A bit of my tooth has broken off. [ə bitt off mai tu:θ häs 'broukən off]
S88 Mir ist ein Stück von der Krone abgebrochen.	A bit of the crown has broken off. [ə bitt off ðə kraun häs 'broukən off]
S89 Könnten Sie das provisorisch behandeln?	Could you fix this temporarily? [kudd ju fix ðiß 'tempərərili]
S90 Ich möchte eine Betäubung.	ⓑ I'd like a local anaesthetic. (ⓐ I'd like some Novocaine™.) [aid laik ə 'loukl äniß'θetik (aid laik ßamm 'nouwoukäin)]

145

Ein wenig Grammatik

Nomen

Nomen werden immer klein geschrieben, es sei denn, es handelt sich um Eigennamen.

PLURAL

Die Pluralform des Nomens wird ganz einfach gebildet: Man hängt -s an:

one pound	two pounds	a ticket	three tickets
ein Pfund	zwei Pfund	eine Fahrkarte	drei Fahrkarten

Bei Nomen, die auf -ch, -s, -sh, -ss oder -x enden, wird -es angehängt:

search	searches	bus	busses	box	boxes
Suche	Suchen	Bus	Busse	Schachtel	Schachteln

Endet ein Nomen auf Konsonant + -y, lautet die Pluralendung –ies:

party	parties	baby	babies
Party	Partys	Baby	Babys

Geht -y ein Vokal vorher, wird wie gewöhnlich nur **-s** angehängt:

key	keys	toy	toys
Schlüssel	Schlüssel	Spielzeug	Spielzeuge

Es gibt ein paar wichtige Ausnahmen:

woman	women	man	men	child	children
Frau	Frauen	Mann	Männer	Kind	Kinder
foot	feet	tooth	teeth	sheep	sheep
Fuß	Füße	Zahn	Zähne	Schaf	Schafe

MÄNNLICH ODER WEIBLICH?

Im Englischen gibt es in der Regel keine abgeleitete weibliche Form. Auch der Artikel verrät nicht, ob es sich um einen Mann oder eine Frau handelt. Seien Sie also nicht überrascht, wenn the doctor eine Ärztin ist.

Artikel

BESTIMMTER ARTIKEL

Dieses Thema ist erfreulich einfach, denn es gibt nur the, egal, ob wir im Deutschen *die* (Singular oder Plural), *der* oder *das* sagen würden. Auch im Dativ und Akkusativ ändert sich das nicht:

The man told **the** child **the** story of Cinderella.

Der Mann erzählte **dem** Kind **die** Geschichte vom Aschenputtel.

Steht the vor einem Nomen oder Adjektiv, das mit einem Vokallaut beginnt, ändert sich die Aussprache:

the restaurant	[ðə ˈreʃtəronnt]	das Restaurant	the Italian restaurant	[ðiː itäljən ˈreʃtəronnt]	das italienische Restaurant
the order	[ðiː ɔːdə]	die Bestellung	the Underground	[ðiː andəgraunt]	die Londoner U-Bahn

U wird einigen Wörtern nicht als Vokallaut ausgesprochen. Dann ändert sich auch die Aussprache des bestimmten Artikels nicht:

the universe	[ðə junivöaß]	das Universum
the United Kingdom	[ðə junaitət kingdəm]	das Vereinigte König-reich

UNBESTIMMTER ARTIKEL

Vor einem Nomen oder Adjektiv, das mit einem Konsonanten beginnt, ist der unbestimmte Artikel immer a.

a tower	ein Turm
a person	eine Person
a fast car	ein schnelles Auto

Vor einem Nomen oder Adjektiv, das mit einem Vokallaut anfängt, lautet der unbestimmte Artikel an.

an ice cream	ein Eis
an interesting story	eine interessante Geschichte
an uncle	ein Onkel

Aber:

a university	[ə junivöasiti]	eine Universität
a unique opportunity	[ə juni:k oppətju:nəti]	eine Gelegenheit, die nie wieder kommt

Pronomen

PERSONALPRONOMEN

als Subjekt		als Objekt	
ich	I	mich, mir	me
du	you	dich, dir	you
er, sie, es	he, she, it	ihn, ihm, sie, ihr, es, ihm	him, her, it
wir	we	uns	us
ihr	you	euch	you
sie	they	ihnen	them
Sie	you	Ihnen	you

THIS UND THAT

Das Demonstrativpronomen this wird verwendet, wenn man sich auf etwas bezieht, das in Raum, Zeit oder Wahrnehmung näher-liegt. That hingegen verwendet man in Bezug auf Fernerliegendes.

Singular	Plural
this, that	these, those
dieser, diese, dieses	diese

SOME UND ANY

Das Indefinitpronomen some benutzt man in positiven Aussagen. In Verneinungen oder Fragen wird any gebraucht. Das gilt auch für Zusammensetzungen mit some- und any-:

some	any	
I'd like **some** sugar.	I **don't** want **any** sugar.	Do you have **any** sugar?
Ich hätte gern **etwas** Zucker.	Ich möchte **keinen** Zucker.	Haben Sie **etwas** Zucker?

somebody	anybody	
Somebody stole my purse.	I **didn't** see **any-body**.	Has **anybody** seen my purse?
Jemand hat meinen Geldbeutel gestohlen.	Ich habe **niemanden** gesehen.	Hat **jemand** meinen Geldbeutel gesehen?

something	anything	
I have done **some-thing** wrong.	You **didn't** do **any-thing** wrong.	**Did** she do **anything** wrong?
Ich habe **etwas** falsch gemacht.	Du hast **nichts** falsch gemacht.	Hat sie **etwas** falsch gemacht?

Besitz

Es gibt zwei wichtige Möglichkeiten, Besitzverhältnisse anzuzeigen: mit einem Artikelwort oder durch das Anhängen von 's oder nur '.

ARTIKELWÖRTER

Singular			Plural		
my	your	his, her, its	our	your	your
mein(e)	dein(e)	sein(e), ihr(e)	unser(e)	euer(e)	Ihr(e)

Wo ist mein Auto/meine Tasche? wäre dann also Where is my car/bag?.

'S ODER '

Möchte man klarstellen, dass etwas oder jemand einem bestimmten Nomen (Person oder Sache) zugeordnet wird, geht dies durch das Anhängen von 's (wenn das Nomen im Singular ist) oder nur ' (wenn das Nomen im Plural ist und die Pluralform auf -s endet):

Tom's passport	the car's tyres	our friends' children	the islands' infrastructure
Toms Pass	die Reifen des Autos	die Kinder unserer Freunde	die Infrastruktur der Inseln
	hier ginge auch: the tyres of the car	*hier ginge auch:* the children of our friends	*hier ginge auch:* the infrastructure of the islands

Adjektive

Im Englischen braucht man die Endungen der Adjektive nicht an das Nomen anzupassen: a **good** man/a **good** women/a **good** child – *ein **guter** Mann/eine **gute** Frau/ein **gutes** Kind.*

STEIGERUNG

Man steigert einsilbige englische Adjektive, indem man die Endungen –er bzw. –est anhängt:

quick	quick**er**	quick**est**
schnell	schnell**er**	am schnell**sten**, schnell**ste**

Zweisilbige Adjektive, die auf -y enden, werden in der Regel auch mit –er und -est gesteigert. Dabei wird y zu i:

cheeky	cheek**ier**	cheek**iest**
frech	frech**er**	am frech**sten**, frech**ste**

Englischen Adjektiven, die aus mehr als zwei Silben bestehen, wird more und most vorangestellt. Die meisten zweisilbigen Adjektive, die nicht auf –y enden, werden auch auf diese Weise gesteigert:

interesting	**more** interesting	**most** interesting
interessant	interessant**er**	am interessant**esten**, interessant**este**
helpful	**more** helpful	**most** helpful
hilfreich	hilfreich**er**	am hilfreich**sten**, hilfreich**ste**

Ein paar wichtige Ausnahmen:

good	better	worse
gut	besser	am besten, beste
bad	worse	worst
schlecht	schlechter	am schlechtesten, schlechteste
much	more	most
viel	mehr	am meisten, meiste
little	less	least
wenig	weniger	am wenigsten, wenigste

VERGLEICH

Vergleichen kann man mit as ... as (*so ... wie*) oder than (*als*):

This route is **as** long **as** that one.

Diese Strecke ist **so** lang **wie** die andere.

This route is longer **than** that one.

Diese Strecke ist länger **als** die andere.

But that one is more beautiful **than** this one.

Aber die andere ist schöner **als** diese.

Adverbien

ABLEITUNG DES ADVERBS

Man leitet ein Adverb vom Adjektiv ab, indem man die Endung -ly anhängt. Endet das Adjektiv auf -y, verwandelt sich dieses bei der Ableitung in i. Das Adverb qualifiziert ein Verb, ein Adjektiv, oder einen ganzen Satz.

quick	quickly	He walked very quickly.	Er ging sehr schnell.
beautiful	beautifully	You sang beautifully.	Du hast schön gesungen.
perfect	perfectly	That is perfectly correct.	Das ist völlig richtig.
easy	easily	That is easily changed.	Das ist schnell geändert.
general	generally	Generally, pets are not allowed in the hotel.	Im Allgemeinen sind Haustiere im Hotel nicht erlaubt.

Adjektive, die auf -ic enden, bekommen als Adverbendung -ally:

automatic	automatically	automatisch

Bei Adjektiven, die auf einen Konsonanten plus -le enden, wird das -le durch -ly ersetzt:

probable	probably	wahrscheinlich
terrible	terribly	schrecklich

Es gibt ein paar wichtige Ausnahmen:

a **good** book	a book that is **well** written
ein **gutes** Buch	ein Buch, das **gut** geschrieben ist

a **fast** car	You are driving too **fast**.
ein **schnelles** Auto	Du fährst zu **schnell**.
a **hard** task/a **hard** shell	He **hardly** speaks to us./She works **hard**.
eine **schwierige** Aufgabe/eine **harte** Schale	Er spricht **kaum** mit uns./Sie arbeitet **hart**.

Wie im Deutschen gibt es eine Gruppe von Adverbien, die sich nicht aus dem Adjektiv herleiten und endungslos sind. Hier sind ein paar nützliche Beispiele:

always	never	now	often	perhaps	very
immer	nie	jetzt	oft	vielleicht	sehr

Häufigkeitsadverbien wie always, never und often stehen im Satz *vor* dem Verb:

We **often** go to the theatre.	Wir gehen oft ins Theater.
I've **never** seen this before.	Das habe ich noch nie gesehen.

Steigerung

Aus Adjektiven abgeleitete Adverbien mit der Endung -ly steigert man, indem man more bzw. most voranstellt:

strong**ly**	**more** strongly	**most** strongly
stark	stärk**er**	am stärk**sten**
eas**ily**	**more** easily	**most** easily
einfach	einfach**er**	am einfach**sten**
fanatical**ly**	**more** fanatically	**most** fanatically
fanatisch	fanatisch**er**	am fanatisch**sten**

Adverbien, die in ihrer Form mit dem Adjektiv identisch sind, werden durch anhängen von -er bzw. -est gesteigert. Enden sie auf -y, so wird dies zu i:

hard	harder	hardest
hart	härter	am härtesten
early	earlier	earliest
früh	früher	am frühsten

Adverbien, die nicht aus Adjkektiven abgeleitet werden, werden mit more bzw. most gesteigert:

often	**more** often	**most** often
häufig	häufiger	am häufigsten

Einige wichtige Adverbien werden unregelmäßig gesteigert:

well	better	best
gut	besser	am besten
badly	worse	worst
schlecht	schlechter	am schlechtesten
much	more	most
viel	mehr	am meisten
little	less	least
wenig	weniger	am wenigsten
far	further	furthest
weit	weiter	am weitesten

Verben

BE, HAVE UND DO

Diese drei Verben werden so häufig verwendet, als Vollverben oder als Hilfsverben, dass es sich lohnt, ihre Formen auswendig zu lernen. Das ist nicht schwer. Bei be (*sein*) und have (*haben*, oder als Hilfsverb auch *sein*) gibt es eine Kurzform, die im gesprochenen Englisch deutlich geläufiger ist. Hier werden beide Formen gezeigt,

doch bei nachfolgenden Verbtabellen wird nur die Kurzform aufge-
führt. Die Formen von be (*sein*) lauten wie folgt:

be		sein	
I	'm/am	ich	bin
you	're/are	du	bist
he, she, it	's/is	er, sie, es	ist
we	're/are	wir	sind
you	're/are	ihr	seid
they	're/are	sie	sind
you	're/are	Sie	sind

Für have lauten die Formen 've bzw. have nur in der dritten Person
Singular heißt es he/she/it's in der Kurzform und has in der ausge-
schriebenen Form.

Die Formen for do (*tun, machen*) entsprechen immer dem Infinitiv
(do). Nur in der dritten Person Singular heißt es he/she/it **does**.

EINFACHE ZEITEN UND VERLAUFSFORMEN

Wollen Sie ausdrücken, dass Sie gerade dabei sind etwas zu tun
oder das eine Tätigkeit bis in die Gegenwart andauert, müssen Sie
die Verlaufsform der jeweiligen Zeit verwenden. Ansonsten benutzt
man die einfache Zeitform .

GEGENWART – EINFACHE ZEITFORM

She **is** from London. – Sie **ist** aus London.

Das einfache Präsens des englischen Verbs ist weitgehend identisch
mit dem endungslosen Infinitiv. Nur in der dritten Person Singular
wird ein -s angehängt:

buy		kaufen	
I	buy	ich	kaufe
you	buy	du	kaufst
he, she, it	buy**s**	er, sie, es	kauft
we	buy	wir	kaufen
you	buy	ihr	kauft
they	buy	sie	kaufen
you	buy	Sie	kaufen

Bei Verben, die auf einen Zischlaut enden, fügt man vor dem –s, also in der dritten Person Singular, noch ein –e ein. Endet ein Verb auf ein stummes –e, ist das nicht nötig :

express	he/she/it express**es**
ausdrücken, zum Ausdruck bringen	er/sie/es drückt aus/bringt zum Ausdruck
los**e**	he/she/it los**es**
verlieren	er/sie/es verliert

Bei Verben, die auf Konsonant + -y enden, verwandelt sich -y in der dritten Person Singular in ein -ies. Besteht die Endung aus Vokal plus -y, wird nur -s angehängt :

fl**y**	fl**ies**	say	say**s**
fliegen	fliegt	sagen	sagt

Wichtige Ausnahmen sind:

have	has	do	does	go	goes
haben	hat	tun, machen	tut, macht	gehen	geht

Gegenwart – Verlaufsform

He's writing an email. – Er **schreibt (gerade)** ein Mail.

Die Verlaufsform des Präsens bildet man, indem man die passende Form von be auswählt und darauf das Partizip Präsens des Hauptverbs (Infinitiv + -ing) folgen lässt. Als Beispiel dient uns im Folgenden das Verb do (machen):

I'm doing	you're doing	he/she/it's doing
ich mache (gerade)	du machst (gerade)	er/sie/es macht (gerade)

we're doing	you're doing	they're doing
wir machen (gerade)	ihr macht (gerade)	sie machen (gerade)

you're doing
Sie machen (gerade)

Vergangenheit – einfache Zeitform

I **studied** English in Boston. – Ich **studierte** Englisch in Boston/**habe** Englisch in Boston **studiert**.

Die einfache Vergangenheitsform hat für alle Personen nur eine Form. Sie wird gebildet, indem man -ed an den Infinitiv anhängt. Endet der Infinitiv Verb schon auf ein -e, wird nur ein -d angehängt:

work	work**ed**	live	live**d**
arbeiten	arbeitete/habe gearbeitet, arbeitetest/ hast gearbeitet etc.	leben, wohnen	lebte/habe gelebt, lebtest/ hast gelebt, etc.

Bei Verben, die auf Konsonant + -y enden, verwandelt sich dieses in ein -i-:

carry	carr**ied**
tragen	trug, trugst, etc.

158

VERGANGENHEIT – VERLAUFSFORM

They **were watching** television. – *Sie **sahen (gerade)** Fernsehen.*

Um die Verlaufsform zu bilden wird die einfache Vergangenheit von be + Partizip Präsens verwendet:

I was working	you were working	he/she/it was working
ich arbeitete (gerade)	du arbeitetest (gerade)	er/sie/es arbeitete (gerade)
we were working	you were working	they were working
wir arbeiteten (gerade)	ihr arbeitetet (gerade)	sie arbeiteten (gerade)
you were working		
Sie arbeiteten (gerade)		

KONSONANTENVERDOPPELUNG

Besteht ein Verb aus einer einzigen Silbe und endet auf einen Konsonanten, verdoppelt sich dieser, wenn -ed oder -ing angehängt wird:

stop (anhalten)	stopped
run (rennen, laufen)	running

PERFEKT

Das Perfekt wird in drei wichtigen Fällen verwendet. 1. Bei einer Handlung, die gerade erst abschlossen wurde: She**'s** just **left**. – *Sie ist gerade **gegangen**.* 2. Bei einer Handlung, die in der Vergangenheit angefangen hat und sich bis in die Gegenwart erstreckt: I**'ve worked** for this company for many years. – *Ich **arbeite** seit vielen Jahren in dieser Firma.* 2. Bei einer Handlung, die in der Vergangenheit stattfand, aber die sich in der Gegenwart wiederholen könnte: They**'ve been** to London many times. – *Sie **waren** schon oft in London.*

Man bildet das Perfekt, indem man die jeweilige Präsensform von have mit dem Partizip Perfekt des gewünschten Verbs kombiniert. Das Partizip Perfekt wird in der Regel wie die einfache Vergangenheit durch Infinitiv + -ed gebildet:

work (arbeiten)		
I've work**ed**	you've work**ed**	he/she/it's work**ed**
we've work**ed**	you've work**ed**	they've work**ed**
you've work**ed**		

Einige der wichtigsten Verben bilden in der einfachen Vergangenheit und im Partizip Perfekt unregelmäßige Formen. Diese sind im Wörterbuch dieses Sprachführers (ab S. 168) nach dem Infinitiv angegeben.

ZUKUNFT

Um Zukünftigkeit auszudrücken, können Sie, ähnlich wie im Deutschen, die einfache Präsensform verwenden, solange weder Absicht noch Planung zum Ausdruck gebracht werden soll: The train **leaves** at 7. – Der Zug **fährt** um 7 Uhr ab.

Wollen Sie vermitteln, dass Absicht oder Planung im Spiel ist, können Sie Zukünftigkeit mit be going to + Infinitiv ausdrücken. I'm **going to do** the laundry tonight. – Ich **werde** heute Abend die Wäsche **machen**.:

I'm going to wait	you're going to wait	he's/she's/it's going to wait
ich werde warten	du wirst warten	er/sie/es wird warten
we're going to wait	you're going to wait	they're going to wait
wir werden warten	ihr werdet warten	sie werden warten
you're going to wait		
Sie werden warten		

VERNEINUNG

In den einfachen Zeiten der Gegenwart und Vergangenheit wird negiert, indem man die verneinte Form von do mit dem Infinitiv des Verbs kombiniert. Als Verneinungswort dient das meist zu n't verkürzte not (*nicht*):

I **don't** know	you **didn't** know	he/she/it **doesn't** know	he/she/it **didn't** know
ich weiß **nicht**	du **wußtest** nicht	er/sie/es weiß **nicht**	er/sie/es wusste **nicht**

Bei den Verlaufsformen der Gegenwart und Vergangenheit, sowie bei der Zukunft mit be going to + Infinitiv wird negiert, indem man die Form von be verneint:

The engine **isn't** working.	I **wasn't** driving when the accident happend.	I'**m not** going to drink any alcohol.
Der Motor läuft **nicht**.	Ich war **nicht** am Steuer als der Unfall passierte.	Ich werde **keinen** Alkohol trinken.

Die verneinten Formen von be sind:

I'm not	you aren't	he/she/it isn't	we aren't	you aren't	they aren't
Höflichkeitsform:	you aren't				

Im Perfekt wird negiert, indem man Form von have verneint:

I haven't seen him.	The film has not/hasn't started yet.
Ich habe ihn nicht gesehen.	Der Film hat noch nicht angefangen.

Fragen

In den einfachen Zeiten der Gegenwart und Vergangenheit bildet man Fragesätze, indem man die passende Form von do an den Satzanfang stellt, danach das Subjekt und dann den Infinitiv des jeweiligen Verbs folgen lässt. Wenn Fragewörter verwendet werden, platziert man diese an erster Stelle:

Do you like London?	**Did** you like the exhibition?
Gefällt Ihnen London?	Hat Ihnen die Ausstellung gefallen?
What does he like best about London?	**How did** she like the exhibition?
Was gefällt ihm am besten an London?	Wie hat ihr die Ausstellung gefallen?

Bei den Verlaufsformen der Gegenwart und Vergangenheit sowie bei der Zukunft mit be going to werden die Fragen durch die Voranstellung der Formen von be gebildet:

Are you reading my newspaper?	**Were** you taking a bath when I phoned?
Liest du gerade meine Zeitung?	Hast du gerade gebadet als ich anrief?
What is he doing?	**Who was** serving you yesterday?
Was macht er da?	Wer hat Sie gestern bedient?
Is she going to watch this film?	**When are** you planning to leave?
Wird sie sich diesen Film ansehen?	Wann gedenken Sie abzureisen?

Bei Fragen im Perfekt stellt man das Hilfsverb have an den Satzanfang bzw. gleich hinter das Fragewort:

Has he been to Dublin?	What have you done?
War er schon einmal in Dublin?	Was hast du gemacht?

BEFEHLSFORM

Die Befehlsform des englischen Verbes unterscheidet sich nicht vom Infinitiv. Im Gegensatz zum Deutschen braucht man auch bei der Höflichkeitsform kein Personalpronomen:

Call an ambulance!	Turn the music down, please.
Rufen Sie/Ruf einen Krankenwagen!	Stellen Sie/Stell die Musik bitte leiser.

Bildtafeln zum Zeigen

Von A bis Z
Deutsch-Englisch

A

ab from ... onwards [fromm ... 'onnuəds]

Abend evening ['i:wning], Guten Abend! Good evening! [gudd 'i:wning], heute Abend this evening [ðiß 'i:wning], zu Abend essen ⓑhave dinner [häw 'dinnə], ⓐhave supper [häw 'sapər]

Abendessen ⓑdinner ['dinnə], ⓐsupper ['sapər]

abends in the evening [in ði 'i:wning]

aber but [batt]

abfahren depart [di'pa:t]

Abfahrt departure [di'pa:tschə]

abfliegen take off [täik off] <took off, taken off>

Abflug departure [di'pa:tschə]

abheben (Geld vom Konto) withdraw [uiθdrɔ:] <withdrew, withdrawn>, (Flugzeug vom Boden) lift off [lift off]

abholen collect [ko'leckt]

Absender, Absenderin sender ['ßendə]

absolut absolutely ['abßəlu:tli]

Achtung! Watch out! [uottsch aut]

Adapter adaptor [ə'daptə]

addieren add [äd], etw. zu etw. addieren add sth to sth [äd ... tu ...], Zahlen/alles addieren add up numbers/everything [äd app 'nambəs/'ewriθing]

Adresse address [ə'dreß]

Aids AIDS [äids]

Akku battery ['bätəri]

Alkohol alcohol ['alkəlholl]

alkoholfrei alcohol-free ['alkəlholl fri:]

alle (ohne Ausnahme) all [ɔ:l], (jeder einzelne) everyone ['ewriuann]

allein alone [ə'loun]

Allergie allergy ['älədschi]

Allgemeinmediziner, Allgemeinmedizinerin GP [dschi:l'pi:]

als (zeitlich) when [uenn], (nach einem Komparativ) than [ðän]

also (gefolgt von einer Erläuterung) that is [ðätt iß], (gefolgt von einem Nebensatz) therefore ['ðeəfɔ:]

alt old [ould]

Alter age [äidsch]

Ameise ant [änt]

Ampel traffic light ['träffick lait]

an (Angabe einer Lage oder Position) on [onn], an der Wand on the wall [onn ðə uɔ:l], at [ätt], an der Kreuzung links abbiegen ⓑturn left at the junction [tɔən

lefft ätt ðə 'dschanktschn],
Ⓐturn left at the intersection
[törn lefft ätt ði 'intərßektschən],
am Strand at the beach [ätt ðə
bi:tsch], etw. an die Wand leh-
nen prop sth up against the wall
[propp ... app ə'gennßt ðə uɔ:l]

anbieten offer ['offə]

andere *(unterschiedliche)* different
['diffrənt], *(weitere)* other ['aðə]

anders *(Adj.)* different ['diffrənt],
anders sein als differ from ['diffə
fromm]

Anfahrtsbeschreibung directions
how to get there [daɪ'rektschns
haʊ tu gett ðeə]

Anfang beginning [bi'ginning], am
Anfang initially [in'nischjälli],
Anfang Mai at the beginning of
May [ätt ðɛ bi'gining off mäɪ]

anfangen start [ßta:t]

Angebot *(Auswahl)* range
[räɪndsch], *(Sonderangebot)* special offer ['speschl 'offə]

ankommen arrive [ä'raɪw]

Ankunft arrival [ä'raɪwl]

anmelden sich anmelden register
['redschistə], *(für einen Kurs)*
Ⓑenrol Ⓐenroll [en'rɔʊl]

Anruf call [kɔ:l]

anrufen phone [fɔʊn]

Anschluss *(auf Reisen)* connection [kə'necktschn]

Anschlussflug flight connection
[flaɪt kə'necktschn]

Anspitzer pencil sharpener
['pennßl 'scha:pənə]

Antibiotika antibiotics
['äntibaɪotickß]

Antrag application [äpli'käischn]

Antwort answer ['a:nsə], *(schriftlich)* reply [ri'plaɪ]

antworten answer ['a:nsə],
(schriftlich) reply (in writing)
[ri'plaɪ (in 'raɪting)]

anzahlen etw. anzahlen make a
deposit for sth [mäɪk ə di'pɔsit
fɔ:] <made, made>

Anzahlung deposit [di'pɔsit], eine
Anzahlung leisten make a deposit [mäɪk ə di'pɔsit]

Anzeige *(Annonce)* ad [äd], *(Strafanzeige)* charge [tscha:dsch],
Anzeige gegen jdn erstatten
report sb to the police [ri'pɔ:t tu
ðə pə'li:ß]

Anzug suit [ßu:t]

Apfel apple ['äpl]

Apotheke pharmacy ['fa:məßi]

April April ['äɪprəl]

Arbeit work [uöak], *(Stelle)* job
[dschobb]

arbeiten work [uöak]

Arbeitserlaubnis work permit
[uöak pöamit]

arm poor [puə]

Arm arm [a:m]

Armbanduhr watch [uottsch]

Arzt, Ärztin doctor ['docktə]

auch also ['ɔlßɔʊ], auch nicht
not ... either [nott ...'aɪðə], Er
spricht auch kein Englisch. He
doesnt speak English either. [hi
'dasnt ßpi:k 'inglglisch 'aɪðə]

auf on [onn], Die Zeitung liegt auf dem Tisch. The newspaper is on the table. [ðə 'nju:ßpäipə iß onn ðə 'täibl]

Aufenthalt stay [ßtäi], *(Zwischenstopp)* stopover ['ßtoppɔuwə]

aufhören stop [ßtopp], aufhören, etw. zu tun stop doing sth [ßtopp 'duing]

aufstehen get up [gett app] <got up, gotten up>

Auge eye [äi]

August August ['ɔ:gəßt], im August in August [in 'ɔ:gəßt]

aus *(von einem Ort)* from [fromm], Ich bin aus Leipzig. I'm from Leipzig. [äim fromm 'laiptßik], *(zeitlich: vorbei)* over ['ouwə], Das Spiel ist aus. The game is over. [ðə gäim iß 'ouwə]

Ausdruck print-out ['prinntlaut]

ausdrucken print out [prinnt aut]

Ausfahrt *(von der Autobahn, Landstraße)* exit ['eksit], *(von einem Grundstück)* driveway ['draiwuäi]

Ausflug excursion [ikß'köaschn]

ausfüllen fill in [fill in], ⒶⒺfill out [fill aut]

Ausgang exit ['eksit]

ausgebucht fully booked ['fulli buckt]

Auskunft information [infə'mäischn], *(Telefonauskunft)* ⒷⒺdirectory enquiries ⒶⒺinquiries [dai'recktəri in'kuaiəri:s]

ausmachen *(ausschalten)* turn off [töan off]

Ausschlag rash [räsch]

aussehen look [luck]

aussteigen *(aus dem Auto)* get out [gett aut], *(aus dem Zug, Bus, Flugzeug, der Straßenbahn, U-Bahn)* get off [gett off]

Ausweis identity card [ai'dentiti ka:d], *(um eine Mitgliedschaft nachzuweisen)* membership card ['membəschip ka:d]

Auto car [ka]

Autobahn ⒷⒺmotorway ['moutəluäi], ⒶⒺhighway ['haiuäi]

Autobahnauffahrt slip road [ßlipp roud], ⒶⒺentrance ramp ['entrənß rämp]

Automat vending machine ['wennding mä'schi:n], *(Geldautomat)* ATM [äi|ti:|'em]

automatisch automatic ['ɔ:təmätick]

B

Baby baby ['bäibi]

Babyfläschchen baby bottle ['bäibi 'bottl]

Babynahrung baby food ['bäibi fu:d]

Babypuder baby powder ['bäibi 'paudə]

Bach brook [bruck]

Bäcker baker ['bäikə], beim Bäcker at the baker's [ätt ðə 'bäikəß]

Bäckerei bakery ['bäikəri]

Bad bathroom ['ba:θru:m]

baden have a bath [häw ə ba:θ] <had, had>

Badewanne bathtub ['ba:θtabb]

Bahn *(Zug)* train [träin], *(Institution)* railway ['räiluäi]
Bahnhof station ['ßtäischn]
Bahnsteig platform ['plättfɔ:m]
bald soon [ßu:n]
Balkon balcony ['bällkəni]
Ball ball [bɔ:l]
Banane banana [bə'na:nə]
Bank *(Finanzinstitut)* bank [bänk], *(Sitzmöbel)* bench [benntsch]
Bankleitzahl sort code [sɔ:t koud]
bar in bar in cash [in käsch]
Bargeld cash [käsch]
Batterie battery ['bätəri]
Bauch belly ['belli]
Baum tree [tri:]
bedeuten mean [mi:n] <meant, meant>
beginnen begin [bi'ginn] <began, begun>
behalten *(nicht weggeben)* keep [ki:p] <kept, kept>, *(nicht vergessen)* remember [ri'membə]
behindert disabled [diß'äibld]
Behinderter, Behinderte disabled person [diß'äibld 'pöäßn]
Behindertenausweis disability card [dißä'billiti ka:d]
behindertengerecht suitable for the disabled ['ßu:tibl fɔ: ðə diß'äibld]
bei *(in der Nähe von)* near [niə], *(gleich daneben)* next to [next tu]
beide both (of them) [bouθ (off ðemm)]
Bein leg [legg]
bekommen receive [ri'ßi:w]

benutzen use [ju:s]
Berg mountain ['mauntin]
Beruf job [dschobb]
Beschwerde complaint [komm'pläint]
beschwerden sich beschweren complain [komm'pläin]
besetzt *(Telefonleitung)* busy ['bisi], *(Toilette, Umziehkabine)* occupied ['ockjupaid]
besser better ['bettə]
bestätigen confirm [kən'föəm]
Bestätigung confirmation [konnfə'mäischn]
bestellen order ['ɔ:də]
besuchen *(Personen)* visit ['wisitt]
Bett bed [bedd], ins Bett gehen go to bed [gou tu bedd]
Bettbezug duvet cover ['duwe:'kawə]
Bettlaken sheet [schi:t]
Bettzeug bedlinen ['beddlinnən]
bezahlen pay [päi] <paid, paid>
Bier beer [biə]
Bild picture ['picktschə], *(gemalt)* painting ['päinting]
billig cheap [tschi:p]
bio... organic [ɔ:'gännick]
Birne pear [peə]
bis until [an'till], bis Bremen as far as Bremen [əs fa: əs bremen]
bisschen ein bisschen a little [ə 'littl], kein bisschen not at all [nott ätt ɔ:l]
bitte please [pli:s]
Bitte request [ri'kueßt]
bitten ask [äßk], jdn um etw. bitten ask sb for sth [äßk ... fɔ:]

bitter bitter ['bittə]
Blase *(Organ)* bladder ['blæddə], *(am Fuß)* blister ['blißtə], *(Lufteinschluss)* bubble ['babbl]
blau blue [blu:]
bleiben stay [ßtäi]
bleifrei leadfree ['leddfri:]
Bleistift pencil ['pennßl]
blind blind [blaind]
Blindenhund guide dog ['gaid dogg]
Blume flower ['flauə]
Blumenladen flower shop ['flauə schopp]
Bluse blouse [blaus]
Blut blood [bladd]
brauchen need [ni:d]
braun brown [braun]
breit wide [uaid]
Breite width [uidθ]
Bremse *(eines Fahrzeugs)* brake [bräik], *(Stechfliege)* horsefly ['hɔ:sflai]
bremsen brake [bräik]
Brief letter ['lettə]
Briefmarke stamp [ßtämp]
bringen *(hinbringen)* take [täik] <took, taken> <took, taken>, Können Sie mich zum Bahnhof bringen? Can you take me to the station? [kän ju täik mi tu ðə 'ßtäischn], *(mitbringen)* bring [bring] <brought, brought>
Brite, Britin Brit [britt]
britisch British ['brittisch]
Bronchitis bronchitits [bronn'kaitis]

Brot bread [bredd], *(Brotleib)* loaf [louf]
Bruder brother ['braðə]
Brust chest [tscheßt], *(Busen)* breast [breßt]
Buch book [buck]
buchen book [buck]
Buchstabe letter ['lettə]
buchstabieren spell [ßpell] <spelt, spelt>
Buchung booking ['bucking]
Büro office [offiß]
Bus bus [baß], *(Reisebus)* ⒷⒺcoach [koutsch]
Bushaltestelle bus stop [baß ßtopp], *(für Reisebus)* ⒷⒺcoach stop [koutsch ßßopp]
Bußgeld fine [fain]
Butter butter ['batə]

C

Café café ['käfäi]
campen camp [kämp]
Campingplatz campsite ['kämp ßait]
CD CD [ßi:|'di:]
Cent cent [ßent]
Chance chance [tscha:nß]
Chef boss [boßß]
christlich Christian ['krißtjən]
Cola cola ['koula]
Computer computer [komm'pjutə]
Cousin cousin ['kasn]
Creme cream [kri:m]

D

da *(weil)* since [ßinnß], as [əß], *(in dem Moment)* at that moment

[ätt ðätt 'moument], *(dort)* there
[ðeə]

Dach roof [ru:f]

Dame lady ['läidi]

Damenbinde ⑧sanitary towel
['ßänitəri 'tauluəl], ⑧sanitary
napkin ['ßäni'teri 'näppkin]

Damentoilette Ladies [läidies]

daneben *(neben einer Sache)* next
to it [next tu it], *(neben einer Per-*
son) next to him/her etc. [next
tu himm/höə], *(Da ist Peter.)*
Wer sitzt daneben? (There is
Peter.) Who is sitting next to
him? [(ðeə iß 'pitə) hu iß 'ßitting
next tu himm]

Dank thanks [θänks], Vielen
Dank! Thank you very much!
[θänk ju 'weri matsch]

danke thank you [θänk ju]

danken thank [θänk]

dann *(zeitlich)* then [ðenn], *(eine*
Konsequenz ausdrückend) in that
case [inn ðätt käiß]

dass that [ðätt]

Datum date [däit]

Daumen thumb [θamm]

Decke *(zum Zudecken)* blanket
['blänkət]

defekt defective [diß'fecktif]

dein, deine your [jɔ:]

denken think [θink]

denn because [bi'kɔ:s]

der the [ðə]

deutsch German ['dschöəmən]

Deutscher, Deutsche German
['dschöəmən]

Deutschland Germany
['dschöəmenni]

Dezember December [di'ßemmbə]

Diät diet ['daiət]

dich ≈ yourself [jɔ:'ßellf]

dick *(Person)* big [bigg], *(Schicht,*
Brett etc.) thick [θick]

Dienstag Tuesday ['tju:ßdäi]

dies this [ðiß]

dieser, diese, dieses this [ðiß],
(wenn das Objekt vom Sprecher
weiter entfernt ist) that [ðätt]

Ding thing [θing]

Diphtherie diphtheria [dif'θiəri]

direkt direct [dai'reckt]

Direktflug direct flight [dai'reckt
flait]

Donnerstag Thursday ['θöəsdäi]

doppelt double ['dabbl]

Doppelzimmer double room
['dabbl ru:m]

Dorf village ['willidsch]

dort there [ðeə], dort drüben over
there [ouwə ðe]

Dose tin [tinn], ⑧can [kän]

draußen outside ['autßaid]

drinnen inside ['inßaid]

Drittel third [θöəd]

drücken push [pusch]

Drucker printer ['printə]

du you [ju]

dunkel dark [da:k]

durch *(räumlich)* through [θru:],
eine Reise mit dem Zug durch
Schottland a journey through
Scotland by train [ə 'dschöəni
θru: 'ßkottlend bai träin], durch
den Fluss schwimmen swim

173

across the river [ßußmm əˈkroß ðə ˈriw]

Durchsage announcement [əˈnaunßment]

dürfen may [mäi]

Durst thirst [θöaßt], Durst haben be thirsty [bi θöaßti]

Dusche shower [ˈschaua]

duschen take a shower [täik ə ˈschaua] <took, taken>

E

EC-Karte ≈ debit card [ˈdebbit ka:d]

Ehe marriage [ˈmärridsch]

Ehefrau wife [uaif]

Ehemann husband [ˈhasbənd]

Ehepaar married couple [ˈmärrid ˈkappl]

Ei egg [egg]

eigener, eigene, eigenes own [oun]

eilig urgent [ˈöadschent]

ein (unbestimmter Artikel) a [ə], (vor Vokalen) an [än], (Zahlwort) one [uann]

einfach easy [ˈiːsi]

Eingang entrance [ˈentränß]

einkaufen shop [schopp]

Einkaufszentrum shopping centre [ˈschopping ˈßentə], ⒶⒺshopping center [ˈschaping ˈßentər]

einladen invite [inˈwait]

Einladung invitation [inwiˈtäischn]

einlösen (Scheck, Gutschein) cash (in) [käsch (in)]

einmal once [uannß]

einpacken pack [päck], (in Papier) wrap [räpp]

einsteigen (ins Auto) get in [gett in], (in den Zug, Bus, die Straßenbahn, U-Bahn, das Flugzeug) get on [gett onn]

Einweg... disposable [dißˈpousibl]

Einzelzimmer single room [ˈßinglgl ruːm]

Eis ice [aiß], (zum Essen) ice cream [aiß kriːm]

Eisbahn ice rink [aiß rink]

Eisstadion ice rink [aiß rink]

Eltern parents [ˈpərents]

E-Mail e-mail [iː mäil]

Empfänger, Empfängerin recipient [riˈßippjent]

empfehlen recommend [reckəˈmend]

Ende end [end]

England England [ˈinglglend]

Engländer, Engländerin ♂ Englishman [ˈinglglischmän], ♀ Englishwoman [ˈinglglischluumən]

englisch English [ˈinglglisch]

entgräten fillet [ˈfilitt]

entschuldigen jdn entschuldigen excuse sb [exˈkjuːs], sich entschuldigen apologize [əˈpolladschaiß]

Entschuldigung apology [əˈpolladschiː], Entschuldigung! Sorry! [ˈßorri]

entspannen relax [riˈläx]

entwickeln develop [diˈwelləp]

Entwicklung development [diˈwelləpment]

er he [hi], him [himm]

Erdbeere strawberry ['ßtrɔ:berri]
Erdgeschoss ® groundfloor [graundflɔ:], Ⓐ first floor [förßt flor]
erklären explain [ex'pläin]
erlauben allow [ə'lau]
Ermäßigung reduction [ri'dacktschn]
erster, erste, erstes first [föaßt]
erwachsen adult ['ädalt]
Erwachsener, Erwachsene adult ['ädalt]
erzählen tell [tell] <told, told>
es it [it]
essen eat [i:t] <ate, eaten>, zum Essen ausgehen eat out [i:t aut]
Essig vinegar ['winnegə]
Etage floor [flɔ:], ® first floor [föaßt flɔ:]
Etikett label ['läibl]
euch (reflexiv) ≈ yourselves [jɔ:'ßellws]
euer, eure your [jɔ:]
Euro euro ['juərou]
Europa Europe ['juərəp]
Europäer, Europäerin European ['juərəpi:ən]
europäisch European ['juərəpi:ən]

F

Fabrik factory ['fäcktəri]
Fahne flag [fläg]
Fähre ferry ['ferri]
fahren go [gou] <went, gone>, (selber am Steuer) drive [draiw] <drove, driven>, (ein Fahrrad, Motorrad) ride [raid] <rode, ridden>

Fahrer, Fahrerin driver ['draiwə]
Fahrkarte ticket ['tickət]
Fahrplan timetable ['taimtäibl]
Fahrrad bicycle ['baißickl]
Fahrt (im Auto) drive [draiw], (Strecke) journey [dschöani], (auf dem Rad oder Motorrad) ride [raid]
Fahrzeugschein vehicle registration certificate [wi'ickle redschiß'träischn 'ßə'tifikət]
fallen fall [fɔ:l], etw. fallen lassen drop sth [dropp]
falsch wrong [ronng]
Familie family ['fämili]
familienfreundlich familienfreundlich sein (that) welcome families [(ðätt) uellkamm 'fämilis]
Familienname surname ['ßöanäim]
Familienstand marital status ['märitl ßtäitəß]
Farbe colour ['kallə], Ⓐ color ['kallər]
Fass vat [wätt], vom Fass draft [dra:ft]
fast almost ['ɔl:moußt]
Fax fax [fäx]
faxen fax [fäx]
Faxnummer fax number [fäx 'nambə]
Februar February ['februəri]
fehlen be missing [bi 'mißing], Eine Person fehlt noch. One person is missing. [uann 'pöaßn iß 'mißing]
Fehler mistake [miß'täik]
Feier celebration [ßellə'bräischn]

175

Feiertag ⑧bank holiday [bänk 'hollidäi], ⑨holiday ['hallidäi]
Feld field [fi:ld]
Fels rock [rock]
Fenster window ['uindou]
Ferien holidays ['hollidäis], ⑨vacation [wäi'käischn]
Ferienhaus holiday cottage ['hollidäi 'kottidsch], ⑨vacation cottage [wäi'käischn 'katidsch]
Fernglas binoculars [bai'nockjula:s]
fernsehen watch TV [uottsch ti:l'wi:]
Fernsehen TV [ti:l'wi:]
fertig finished ['finnischd]
Fertiggericht ⑧ready meal ['reddi mi:l], ⑨ready-made meal ['reddi mäid mi:l]
Festland mainland ['mäinländ], das europäische Festland the Continent [ðə 'konntinent]
Feuer fire ['faiə]
Feuerzeug (cigarette) lighter [('ßigərett) 'lait]
Fieber fever ['fi:wə], (Körpertemperatur) temperature ['temprətschə]
Film film [film]
finden (etw. Gesuchtes auffinden) etw./jdn finden find sth/sb [faind], (beurteilen) gut finden like [laik], Wie findest du ...? How do you like ...? [hau du ju laik]
Finger finger ['fing|gə]
Firma company ['kammpenni]
Fisch fish [fisch]

Fischstäbchen ⑧fish finger [fisch 'fing|gə], ⑨fish stick [fisch ßtick]
flach flat [flätt]
Flasche bottle ['bottl]
Flaschenöffner bottle opener ['bottl 'oupən]
Fleisch meat [mi:t]
Fleischer, Fleischerin butcher ['butschə]
Fleischerei butcher's ['butschəß]
fliegen (durch die Luft) fly [flai] <flew, flown>
Flug flight [flait]
Flughafen airport [eəpɔ:t]
Flugzeug plane [pläin]
Fluss river ['riwə]
Formular form [fɔ:m], ein Formular ausfüllen fill in a form [fill in ə fɔ:m]
Foto photo ['foutou]
fotografieren take a photo [täik ə 'foutou]
Frage question ['kueßtschn]
fragen ask [a:sk]
französisch French [frenntsch]
Frau woman ['uɔmən], (Anrede für verheiratete Frau) Mrs. ['mißis], (Anrede für ledige Frau) Ms. [mis]
frei free [fri]
Freitag Friday ['fraidäi]
Freizeit spare time [ßpeə taim]
fremd foreign ['forrən], hier fremd sein be a stranger in these parts [bi ə 'ßträindschə in ði:z pa:tß]
Fremdenverkehrsbüro tourist information ['turißt infə'mäischn]

freuen sich freuen be pleased [bi pli:sd], sich über etw. freuen be pleased with sth [bi pli:sd ui<u>ß</u>]
Freund, **Freundin** friend [frend]
Friseur, **Friseurin** hairdresser ['h<u>e</u>ǝdreßǝ]
früh early ['ö<u>a</u>li]
früher *(zeitiger)* earlier ['ö<u>a</u>liǝ], Gibt es einen früheren Flug? Is there an earlier flight? [iß ðe<u>ǝ</u> än 'ö<u>a</u>liǝ fl<u>ai</u>t], *(einst)* in the past [in ðǝ pa:ßt]
Frühling spring [ßpring]
Frühstück breakfast ['breckfǝßt]
frühstücken have breakfast [häw 'breckfǝßt] <had, had>
führen guide [g<u>ai</u>d]
Führerschein ⓑ driving licence [dr<u>ai</u>wing 'l<u>ai</u>ßenß], Ⓐ driver's license [dr<u>ai</u>wing 'l<u>ai</u>ßenß]
für for [fɔ:]
Fuß foot [futt]
Fußball soccer ['sockǝ]

G

Gabel fork [fɔ:k]
Garage garage [gä'ra:dsch]
Garten garden ['ga:dn]
Gärtner, **Gärtnerin** gardener ['ga:dnǝ]
Gast guest [geßt]
Gebäude building ['bilding]
geben give [giw] <gave, given>
Gebirge mountains ['m<u>au</u>ntins]
geboren born [bɔ:n], Wann sind Sie geboren? When were you born? [uenn u<u>ö</u>ǝ ju bɔ:n]

Geburtsdatum date of birth [d<u>ä</u>it off böǝθ]
Geburtsort place of birth [pl<u>ä</u>iß off böǝθ]
Geburtstag birthday ['böǝθd<u>ä</u>i], Herzlichen Glückwunsch zum Geburtstag! Happy birthday! ['häppi 'böǝθd<u>ä</u>i]
Gedeck cover ['kawǝ]
gefallen please sb [pli:s]
Gefängnis prison ['prisǝn]
gegen *(Ablehnung ausdrückend)* against [ǝ'gennßt], *(ungefähr)* around [ǝ'r<u>au</u>nd], gegen 20 Uhr around 8 p.m. [ǝ'r<u>au</u>nd <u>äi</u>t pil'em]
Gegend location [lo'k<u>äi</u>schn]
gehen *(sich fortbewegen)* go [g<u>ou</u>] <went, gone>, *(funktionieren)* work [u<u>ö</u>ak], Das Radio geht nicht. The radio doesn't work. [ðǝ 'r<u>äi</u>djo dasnt u<u>ö</u>ak]
gehören belong (to) [bi'long (tu)]
gelb yellow ['jellou]
Geld money ['manni]
Gemüse vegetables ['wedschtǝbls]
Gepäck luggage ['lagidsch]
gerade *(zeitlich)* just [dschaßt], *(nicht krumm)* straight [ßtr<u>äi</u>t]
geradeaus straight ahead [ßtr<u>äi</u>t ǝ'hedd]
Gericht *(zum Essen)* dish [disch]
gern gladly ['glädli]
Geschäft shop [schopp]
Geschenk present ['presnt]
geschieden divorced [di'wɔ:ßt]
Geschmack ⓑ flavour ['fl<u>äi</u>wǝ], Ⓐ flavor ['fl<u>äi</u>wǝr]
Gesicht face [f<u>äi</u>ß]

Gespräch conversation
[konnwə'ßäischn]

gestern yesterday ['jeßterdäi]

gesund healthy ['hellθi]

Gesundheit health [hellθ],
Gesundheit! Bless you! [bläß ju]

Getränk beverage ['bewəridsch]

Gewicht weight [u̯äit]

Glas (Trinkglas) glass [gla:ß]

glauben believe [bi'li:w]

gleich (sofort) straightaway
[ßträitə'u̯äi], (übereinstimmend
aber nicht identisch) same [ßäim]

Gleis (Schienen) track [träck],
(Bahnsteig) platform ['plättfɔ:m]

Gleitschirmfliegen paragliding
['päräglaiding]

Glück happiness ['häppineß],
(zufallsbedingt) luck [lack], Glück
haben be lucky [bi 'lacki]

glücklich happy ['häppi], (zufallsbedingt) lucky ['lacki]

Golf golf [gollf]

Golfplatz golf course [gollf kɔ:ß]

Grad degree [di'gri:]

Gramm gram [gräm]

Gräte bone [bo̯un]

gratulieren congratulate
[konng'rätjuläit]

grau grey ⒶⒺgray [gräi]

groß large [la:dsch], (hochgewach-
sen) tall [tɔ:l]

Großbritannien Great Britain
[gräit 'brittn]

Größe size [ßais], (Höhe) height
[hait]

Großeltern grandparents
['gränd'pərents]

Großmutter grandmother
['grändmaðə]

Großvater grandfather
['grändfa:ðə]

grün green [gri:n]

Gruß greeting ['gri:ting], Schöne
Grüße an ...! My regards to ...!
[mai re'ga:ds tu]

grüßen greet [gri:t], Grüß ... von
mir! Give my regards to ...! [giw
mai re'ga:ds tu]

gültig valid ['wälidd]

Gurke cucumber ['kjukambə],
(klein und eingemacht) gherkin
['gö:kin]

gut good [gudd], (Adverb) well
[u̯ell], gut gemacht well done
[u̯ell dann]

H

Haar hair [heə]

haben have [häw] <had, had>

Hähnchen chicken ['tschickn]

halb halb drei two thirty [tu
'θö̯ati], Ⓔhalf past two [ha:f
pa:ßt tu]

halber, halbe, halbes half [ha:f],
ein halbes Kilo half a kilo [ha:f ə
ki:lo̯u]

Halbpension half board [ha:f
bɔ:d]

Hälfte half [ha:f]

hallo hello [hello̯u]

Hals (vorn) throat [θro̯ut], (hinten)
neck [neck]

halten hold [ho̯uld]

Hand hand [händ]

Handschuh glove [glaw]

Handtuch towel [taul̩uəl]
Handy mobile ['moubail]
Hauptspeise main course [main kɔ:ß]
Haus house [haus], zu Hause at home [ätt houm]
Haustier pet [pett]
Hauswein house wine ['haus uain]
heiraten marry ['märri]
heiß hot [hott]
helfen help [hellp]
hell bright [brait]
Hemd shirt [schöat]
Hepatitis hepatitis [hepə'taitis]
Herbst ⓑ autumn ['ɔ:təm], ⓐ fall [fɔ:l]
Herd cooker ['kuckə], ⓐ range [räindsch]
Herr (in der Anrede) Mr. ['mißtə], (höflich für ,Mann') gentleman ['dschentl̩män]
Herrentoilette Gents [dschentß], ⓐ men's room [mennß ru:m]
heute today [tu'däi], heute Nacht tonight [tu'nait]
hier here [hiə], hier entlang this way [ðiß uäi]
Hilfe help [hellp], Erste Hilfe first aid [föaßt äid]
Himbeere raspberry ['ra:ßberri]
hinten at the back [ätt ðə bäck], (auf der rückwärtigen Seite) on the back [onn ðə bäck]
hoch high [hai]
Hochglanz gloss finish [gloß 'finnisch]
Hochstuhl highchair [hai'tscheə]

Höhe height [hait]
Höhle cave [käiw]
holen get [gett] <got, got>
homosexuell homosexual ['houməßexschuəl]
Honig honey ['hanni]
hören hear [hiə], (zuhören) listen to ['lißn̩ tu]
Hose trousers ['trausəs], ⓐ pants [päntß], kurze Hose shorts [schɔ:tß]
Hotel hotel [hou'tell]
Huhn chicken ['tschickn̩]
Hund dog [dogg]
Hunger hunger [hungl̩g], Hunger haben be hungry [bi 'hangl̩gri]
hungrig hungry ['hangl̩gri]
Husten cough [koff]
Hustensaft cough syrup [koff 'ßirəp]

I

ich I [ai]
Idee idea [ai'diə]
ihr you [ju]
ihr, ihre (einer weiblichen Person zugeordnet) her [hə], (jedem anderen Nomen im Singular zugeordnet) its [itß], (einem beliebigen Nomen in der 3. Person Plural zuzuordnen) their [ðeə] →Kurzgrammatik S. 150
Ihr, Ihre your [jɔ:] →Kurzgrammatik S. 150
immer always ['ɔ:luais], immer noch still [ßtill]

Impfpass certificate of vaccinations [ßə'tifikət off wäckßinäischns]

in in [in]

Information information [infə'mäischn], *(Stelle im Flughafen etc.)* information desk [infə'mäischn deßk]

innen inside [in'ßaid]

innerhalb within [uiθ'in]

Insekt insect ['inßeckt]

Insektenbiss insect bite ['inßeckt bait]

Insel island ['ailänd]

Insulin insulin ['inßjulin]

interessant interesting ['intreßting]

Internet Internet ['intənett]

Ire Irishman ['airischmän]

Irin Irishwoman ['airisch|uɔmən]

irisch Irish ['airisch]

Irland Ireland ['ailänd]

J

ja yes [jeß]

Jacke jacket ['dschäckət], *(aus Wolle)* cardigan ['ka:digən]

Jagd hunt [hant]

Jahr year [jiə]

Jahreszeit season ['ßi:sn]

Januar January ['dschänjuəri]

Jeans jeans [dschi:nß], a pair of jeans [ə peə off dschi:ns]

jeder *(vor dem Nomen)* every ['ewri], *(als Pronomen)* everyone ['ewri|uann]

jemand somebody ['ßammbədi], *(in Fragen)* anybody ['ennibədi]

jetzt now [nau]

Jogurt yogurt ['joggət]

Jucken itch [itsch]

Jugendherberge youth hostel [ju:θ 'hoßtl]

Jugendlicher young person [jang 'pöäßn]

Juli July [dschu'lai]

jung young [jang]

Junge boy [boi]

Juni June [dschu:n]

Juwelier, Juwelierin jeweller ['dschu:ələ]

K

Kabel cable ['käibl]

Kaffee coffee [koffi]

Kakao *(Pulver)* cocoa powder ['koukou 'paudə], *(zum Trinken: heiß)* hot chocolate [hott 'tschocklət]

Kakerlake cockroach ['kockroutsch]

kalt cold [could]

Kamera camera ['kämərə]

Kamm comb [koum]

kämmen comb [koum]

kämpfen fight [fait] <fought, fought>

Kappe cap [käpp]

kaputt broken ['broukən], kaputt machen break [bräik] <broke, broken>

Karotte carrot ['kärrət]

Karte card [ka:d], *(Postkarte)* postcard ['poußtka:d], *(Landkarte)* map [mäpp], *(Speisekarte)* menu ['mennju]

Kartoffel potato [pou'täitou]
Käse cheese [tschi:s]
Kasse checkout ['tscheckaut]
Katze cat [kätt]
kaufen buy [bai] <bought, bought>
Kaufhaus department store
 [dipa:tment ßtɔ:]
Kaugummi chewing gum
 ['tschu:ing gamm]
Kehle throat [θrout]
kein, keine no [nou]
Keks biscuit ['bißkət], Ⓐcooky
 ['kucki]
Keller cellar ['ßelə]
Kellner, Kellnerin waiter ['uäitə],
 waitress ['uäitreß]
kennen know [nou] <knew,
 known>
Ketchup ketchup ['kettschapp]
Kilogramm kilogramm(e)
 ['kilougräm]
Kilometer Ⓑkilometre Ⓐkilome-
 ter [ki'lommitə]
Kind child [tschaild], Kinder children ['tschildren]
Kinderbecken children's pool
 ['tschildrenß pu:l]
kinderfreundlich child-friendly
 [tschaild 'frendli]
Kindergarten kindergarden
 ['kindəga:dn]
Kinderwagen *(für Babys, zum
 Darin-Liegen)* pram [prä:m],
 Ⓐbaby carriage ['bäibi
 'keridsch], *(für Kleinkinder, zum
 Darin-Sitzen)* pushchair ['pusch
 tscheə], Ⓐstroller ['ßtrollər]

Kino cinema ['ßinəma:], Ⓐmovies
 [muwi:s]
Kiosk kiosk ['kioßk]
Kissen *(Kopfkissen)* pillow
 ['pillou], *(zum Darauf-Sitzen)*
 cushion ['kuschn]
Kissenbezug pillow case ['pillou
 käiß]
Kleid dress [dreß]
Kleidung clothes [klouðs]
klein small [ßmɔ:l]
Kleingeld change [tschäindsch]
Kneipe pub [pabb]
Knöchel ankle ['änkl]
Knochen bone [boun]
Knopf button ['battn]
Koch, Köchin cook [kuck]
kochen cook [kuck], *(in kochen-
 dem Wasser)* boil [boil]
Koffer suitcase ['ßu:tkäiß]
kommen come [kamm] <came,
 come>, *(ankommen)* arrive
 [ə'raiw]
Kommission commission
 [kə'mischn]
Kompass compass ['kommpaß]
Konditorei Ⓑpatisserie
 [pə'tißəri:], Ⓐpastry shop
 ['päißtri schap]
Kondom condom ['konndəm]
können can [kän] <could, –>, *(die
 Fähigkeit haben)* be able tu [bi
 äibl tu] <was able, been able>,
 (das Wissen haben) know (how
 to) [nou (hau tu)] <knew, known>
Konsulat consulate ['konnsjulət]
Kontinent continent ['konntinent]
Konto account [äkaunt]

Kontonummer account number [ə'kaunt 'nambə]

Kontrolle control [kən'troul]

kontrollieren control [kən'troul]

Konzert concert ['konnßət]

Kopf head [hedd]

Kopfweh headache ['heddäik]

Korb basket ['ba:ßkət]

Korken ⓑⓔcork stopper [kɔːk 'ßtop], ⓐⓔcork [kɔrk]

Korkenzieher cork screw [kɔːk ßkruː]

Körper body ['boddi]

kosten cost [koßt] <cost, cost>

Kostüm (Jackett und Rock) suit [ßuːt], (Verkleidung) ⓑⓔfancy dress ['fänßi dreß], ⓐⓔcostume ['kastum]

Krabbe crab [krä:b], (ganz klein) prawn [prɔːn]

krank ill [ill]

Krankenhaus hospital ['hoßpitl]

Krankenpfleger nurse [nöäß]

Krankenschwester nurse [nöäß]

Krankenwagen ambulance ['ämbjulənß]

Krankheit disease [di'siːs]

Kreditkarte credit card ['kreddit kaːd]

Kreditkartennummer credit card number ['kreddit kaːd 'nambə]

Krieg war [uɔː]

kriegen get [gett] <got, got>

Krücke crutch [kratsch]

Küche kitchen ['kitschn], die englische Küche the English cuisine [ði 'inglglisch 'kuisinn]

Kuchen cake [käik]

Kugelschreiber (ballpoint) pen [('bɔːlpoint) penn]

kühlen cool [kuːl]

Kühlschrank refridgerator [ri'fridschəräit]

Kunst art [aːt]

Kunsthandwerk craft [kra:ft], (Objekt) craftwork ['kra:ftuöak]

Kupplung clutch [klatsch]

Kurs course [kɔːß]

kurz short [schɔːt]

Kuss kiss [kiß]

küssen kiss [kiß]

Küste coast [koußt]

L

lächeln smile [ßmail]

lachen laugh [la:f]

Ladegerät charger ['tscha:dschə]

laden load [loud]

Laden shop [schopp]

Laken sheet [schiːt]

Land country ['kantri]

lang long [lɔŋ], Wie lang wird das dauern? How long will this take? [hau lɔŋ uill ðiß täik]

lange long [lɔŋ], Müssen wir lange warten? Will we have to wait long? [uill ui; häw tu uäit lɔŋ]

Länge length [lengθ]

langsam (Adjektiv) slow [ßlou], (Adverb) slowly ['ßslouli]

Lastwagen ⓑⓔlorry ['lorri], ⓐⓔtruck [track]

Lauch leek [liːk]

laufen *(rennen)* run [rann] <ran, run>, *(zu Fuß unterwegs sein)* walk [uₒːk]

Läuse lice [laiß]

laut loud [laud], *(unangenehm)* noisy [noisi]

leben live [liw]

Leben life [laif]

Lebensmittel food [fuːd]

Leber liver [liwə]

lecker tasty [täißti]

Leder leather [lädə]

ledig single [ßinglgl]

leer empty [empti]

legal legal [liːgl]

legen put [putt] <put, put>

leicht *(Gewicht)* light [lait], *(einfach)* easy [iːsi]

leider unfortunately [anˈfɔːtschənətli], leider ja/nein I'm afraid so/not [aim əˈfraid ßou/nott]

leihen sich etw. leihen borrow sth [borrou], jdm etw. leihen lend sth to sb [lend ... tu ...]

Leine *(für die Wäsche)* line [lain], *(für den Hund)* lead [liːd]

leise quiet [kuaiət]

lenken steer [ßti]

lernen learn [löan] <learnt, learnt>

lesbisch lesbian [lesbiən]

lesen read [riːd] <read, read>

letzter, letzte, letztes last [laːßt]

Leute people [piːpl]

Licht light [lait]

Liebe love [law]

lieben love [law]

Lied song [ßong]

liegen *(in horizontaler Position)* lie [lai] <lay, lain>, *(sich befinden)* be [bi] <was, been>

Likör liquor [lickə]

lila purple [pöapl]

Limonade lemonade [lemmənäid]

links on the left [onn ðə lefft]

Linse *(Hülsenfrucht)* lentil [lentill], *(des Auges, einer Kamera, Kontaktlinse)* lens [lennß]

Lippe lip [lipp]

Lippenstift lipstick [lippßtick]

Liter litre [litə]

Lkw Ⓑlorry [lorri], Ⓐtruck [track]

Locke curl [köal]

Löffel spoon [ßpuːn], *(für den Nachtisch)* dessert spoon [diˈsöat ßpuːn]

Lösung solution [ßəˈluːschn]

Lotion lotion [louschn]

Luft air [e]

Lunge lung [lang]

lustig funny [fanni]

M

machen do [du] <did, done>, *(eine Sache)* make [mäik] <made, made>

Mädchen girl [göal]

Mädchenname maiden name [mäidn näim]

Magen stomach [ßtamək]

Mai May [mäi]

man you [ju], *(förmlich)* one [uann]

manchmal sometimes [ßammtaims]

Mangel *(Fehlerhaftigkeit)* defect ['dɪfeːkt], *(nicht genug)* ein Mangel an etw. a lack in sth [ə läck in]

Mann man [män]

männlich *(biologisch)* male [mäil], *(grammatikalisch, bewundernd)* masculine ['mäskjulinn]

Mantel coat [kout]

Markt market ['maːkitt]

Marmelade jam [dschäm], *(aus Zitrusfrüchten)* marmelade ['maːməläid]

März March [maːtsch]

Masern measles ['miːsls]

Maschine machine [məˈschiːn]

Maß measurement ['meschəment], *(Stab o. Ä. zum Messen)* measure ['meschə]

Massage massage [mäßaːsch]

matt *(nicht glänzend)* matt [mätt]

Matte mat [mätt]

Mauer wall [uɔːl]

Maus mouse [maus]

Mayonnaise mayonnaise ['mäijonäis]

Medizin *(Heilkunst)* medicine ['medßin], *(Medikamente)* medication [mediˈkäischn]

Meer sea [ßiː]

Meeresfrüchte seafood ['ßiːfuːd]

Mehl flour ['flauə]

mehr more [mɔː]

mein, meine my [mai]

meinen think [θink] <thought, thought>

Meinung opinion [əˈpinnjən]

meist usually ['juːschuəli]

Melone melon ['mellən]

Mensch *(Person)* person ['pöaßn], *(im Gegensatz zu Tier)* human being ['hjuːmän 'biːing]

Menstruation menstruation [menßtruˈäischn]

Menü *(mehrgängiges Gericht)* set menu [ßett 'mennju], *(einer Software)* menu ['mennju]

Messe trade fair [träid feə]

Messer knife [naif]

Metal metal ['mettl]

Meter ⒝metre ['miːtə], ⒜meter ['miːtər]

Metzger, Metzgerin butcher ['butschə]

mich *(reflexiv)* ≈ myself [maiˈßällf]

Miete rent [rent]

mieten rent [rent]

Migräne migraine ['maigräin]

Mikrowelle microwave ['maikrouluäiw]

Milch milk [milk]

Milchprodukte dairy products ['deəri 'proddackts]

mild mild [maild]

Militär military ['milətri]

minus minus ['mainəß]

Minute minute ['minnit]

mischen mix [mix]

mit with [uiθ]

mitbringen bring [bring] <brought, brought>

mitnehmen take along [täik əˈlong] <took along, taken along>

Mittag noon [nuːn], heute Mittag at noon [ätt nuːn], zu Mittag essen have lunch [häw lantsch]

Mittagessen lunch [lantsch]
mittags at noon [ätt nu:n]
Mittagsmenü set lunch [sett lantsch]
Mitte middle ['midl], Mitte Januar/ des Monats in the middle of January/ the month [in ðə midl off 'dschänjuəri/ðə mann]
Mittwoch Wednesday ['u̯ennßdäi]
Möbel furniture [föanittschə]
Mode *(Kleidung)* fashion ['fäschn]
mögen like [la̱ik], jd mag jdn/etw. gern sb likes sb/sth [la̱ikß]
möglich possible ['poßibl]
Moment moment ['mo̱ument]
Monat month [mannθ]
Mond moon [mu:n]
Montag Monday ['manndäi]
morgen tomorrow [tu'morro̱u], Bis morgen! See you tomorrow! [ßi: ju tu'morro̱u]
Morgen morning ['mo:ning], Guten Morgen! Good morning! [gudd 'mo:ning], heute Morgen this morning [ðiß 'mo:ning]
morgens in the morning [in ðə 'mo:ning]
Moschee mosque [moßk]
Moskito moskito [moß'kito̱u]
Moskitonetz moskito net [moß'kito̱u nett]
Motor engine ['endschin]
Motorrad motorcycle ['mo̱utəßaikl]
müde tired [tä̱iəd]
Müll ⒷⒺrefuse ['refju:s], ⒶⒺtrash [träsch]
Mund mouth [ma̱uθ]

Münze coin [ko̱in]
Musik music ['mjusick]
muslimisch Muslim ['musləm]
müssen have to [häw tu] <had to, had to>, Wir müssen los! We have to go. [u̯i; häw tu go̱u]
mutig courageous [kə'rä̱idschəß]
Mutter mother ['maðə]
Mütze woolly hat ['wuli hätt]

N

nach *(einer Sache folgend)* after ['aftə], nach einer Stunde after an hour ['aftə än 'a̱uə], *(zu einem bestimmten Ort)* to [tu], nach Madrid/Ankara to Madrid/ Ankara [tu Mädrid/änkara]
Nachmittag afternoon ['aftənu:n], heute Nachmittag this afternoon [ðiß 'aftənu:n]
nachmittags in the afternoon [in ði: 'aftənu:n]
Nachname surname ['ßöanäim]
Nachricht message ['messidsch]
Nachspeise dessert ['disöat]
nächste next [next], Der Nächste, bitte! Next one, please! [next u̱ann pli:s]
Nacht night [na̱it], Gute Nacht! Good night! [gudd na̱it], letzte Nacht last night [la:ßt na̱it]
nachts at night [ätt na̱it]
Nagel nail [nä̱il]
Nagelknipser nail clippers [nä̱il 'klippəs]
Nagellack ⒷⒺnail varnish [nä̱il 'wa:nisch], ⒶⒺnail polish [nä̱il 'pallisch]

nah near [ni]
nähen sew [ßou] <sewd, sewn>
Nahverkehrszug commuter train [komm'jutə träin]
Name name [näim]
Nase nose [nous]
Nationalität nationality [näschə'näliti]
Natur nature ['näitschə]
Naturheilkunde ⒝ naturopathy [näitschə'ropəθi], ⒶⒷ natural healing ['nätschərəl 'hi:ling]
neben *(räumlich)* next to [next tu]
neblig foggy ['foggi]
nehmen take [täik]
nein no [nou]
nett nice [näiß]
Netz net [nett]
neu new [nju:]
Neuseeland New Zealand [nju:'si:lend]
nicht not [nott], **nicht mehr** not ... anymore [nott enni'm], **überhaupt nicht** not ... at all [nott ... ätt ɔ:l]
Nichtraucher, Nichtraucherin non-smoker [nonn ßmoukə]
nichts nothing ['naθing], *(in Verneinungen mit Verbkonstruktion meist)* not ... anything [nott ... 'enniθing], **Ich möchte nichts essen.** I don't want to eat anything. [ai dount uonnt tu i:t 'enniθing]
nie never ['newə], **nie wieder/mehr** never again ['newə ə'genn]

noch still [ßtill], **noch einmal** once again [uanß ə'genn], **noch nicht** not yet [nott jett]
Norden north [nɔ:θ]
normal normal ['nɔ:ml]
Notfall emergency [i'mö:dschənßi]
nötig necessary ['neßəßəri]
November November [nou'wemmbə]
Nudeln pasta ['päßtə]
Nummer number ['nambə]
nur only ['ounli], **nur noch ...** only ... left ['ounli ... lefft]
Nuss nut [natt]

O

ob if [iff]
oben at the top [ätt ðə topp], **nach oben** upwards ['appuəds]
Obst fruit [fru:t]
oder or [ɔ:]
Ofen *(um zu backen)* oven ['awn], *(um zu heizen)* stove [ßtouw]
offen open ['oupən]
öffentlich public ['pabblick]
öffnen open ['oupən]
oft often ['offtn]
ohne without [uið'aut]
Ohr ear [iə]
Oktober October [ock'toubə]
Öl oil [oil]
Onkel uncle ['ang|kl]
Oper opera ['oppərə]
Optiker, Optikerin optician [opt'ischn]
Orange orange ['arrinndsch]

Ordnung order ['ɔːdə], in Ordnung all right [ɔːl raıt]
Ort place [pläıß]
Osten east [iːßt]
Österreich Austria ['ɔßtria]
Österreicher, **Östereicherin** Austrian ['ɔßtriən]
österreichisch Austrian ['ɔßtriən]
Ozean ocean ['ouschn]

P

Paar (Schuhe, Socken etc.) pair [pe], (zwei Menschen, die zusammengehören) couple ['kappl]
Päckchen small parcel [ßmɔːl 'paːßl], Ⓐ package ['päckidsch], **Päckchen Zigaretten** packet of cigarettes ['päckett off 'ßigərettß]
packen (ergreifen) grab [grä:b], (einpacken) pack [päck]
Packung packet ['päckett]
Paket parcel ['paːßl], Ⓐ package ['päckidsch]
Palast palace ['pälliß]
Papier paper ['päıpə], (Ausweis etc.) **Papiere** documents ['dockjumentß]
Parfum perfume ['pöafjuːm]
Park park [paːk]
parken park [paːk]
Parlament parliament ['paləmənt]
Partei (in der Politik) political party [pə'lıtıkl 'paːti]
Partner, **Partnerin** partner ['paːtnə]
Party Party ['paːti]
Pass passport [paːßpoːt]

Patient, **Patientin** patient ['päischnt]
Pause break [bräık], (im Theater) intermission [ıntə'mischn]
Pedal pedal ['peddl]
Penis penis ['piːnıß]
Pension (für Gäste) guest house [geßt hauß]
Pfanne frying pan ['fraıın pän]
Pfeffer pepper ['peppə]
Pfeife (zum Rauchen) pipe [paıp], (zur Erzeugung schriller Laute) whistle ['uıßle]
Pferd horse [hɔːß]
Pflanze plant [plaːnt]
Pfund (Gewicht: brit. Pfund: 454 g) pound [paund], (Währung) **Pfund (Sterling)** pound (sterling) [paund ('ßtöaling)]
Pille pill [pill]
Pilz mushroom [maschruːm]
Pizza pizza ['pıːtßa]
Plan (Vorhaben) plan [plän], (Karte) map [mäpp]
Plantschbecken Ⓑ paddling pool ['päddling puːl], Ⓐ wading pool ['uäıding puːl]
Plastik plastic ['pläßtick]
Platz place [pläıß], (Sitzplatz) seat [ßiːt], (verfügbarer Raum) space [ßpäıß], (in Straßenbezeichnungen, vor Gebäuden) square [ßkue]
Plätzchen (Keks) Ⓑ biscuit ['bıßkət], Ⓐ cooky ['kucki]
plus plus [plaß]
Polizei police [pə'liːß]

187

Polizeiwache police station
[pə'liːß 'ßtäischn]
Pollen pollen ['pollən]
Pommes frites Ⓑ chips [tschipß],
Ⓐ French fries [frenntsch fraiß]
Porto postage ['poußtidsch]
Post *(Briefe, Päcken etc.)* post
[poußt], *(Filiale)* post office
[poußt 'offiß]
Postkarte postcard [poußt kaːd]
Postleitzahl Ⓑ postcode
['poußtkoud], Ⓐ zip code [sipp
koud]
Praxis Ⓑ surgery ['ßöadschri],
Ⓐ doctor's office ['dacktərß
'affiß]
Preis price [praiß]
preiswert good value [gudd
'üälljuː]
probieren try [trai] <tried, tried>
Problem problem ['prɔbləm]
Programm Ⓑ programme Ⓐ pro-
gram ['prougräm]
Prospekt brochure ['brouschə]
prost! cheers! [tschiəs]
protestieren protest ['prouteßt]
Prozent per cent [pə ßent]
prüfen check [tscheck]
Pullover Ⓑ sweater ['ßuettə],
Ⓐ pullover ['pullouwər]
Pumpe pump [pamp]
Punkt point [point]
pünktlich punctual ['panktschuell],
etw. ist pünktlich sth is on time
[iß onn taim]
Puppe doll [doll]
putzen clean [kliːn]

Q

Quadratmeter Ⓑ square metre
[ßkueə 'miːt], Ⓐ square meter
[ßkuer 'miːtər]
Qualität quality ['kualiti]
Qualle jellyfish ['dschellifisch]
Quarantäne quarantine
['kuarentiːn]
Quittung receipt [ri'ßiːt]

R

Rabatt discount ['dißkaunt]
Rad *(Scheibe als Teil eines Mecha-*
nismus) wheel [uiːl], *(Fahrrad)*
bicycle ['baißikl], Rad fahren
Ⓑ cycle ['ßaikl], Ⓐ bike [baik]
Radfahrer, Radfahrerin cyclist
['ßaiklißt]
Radio radio ['raidjou]
Radweg Ⓑ cycle way ['ßaikl uäi],
Ⓐ bike path [baik päth]
rasieren shave [schaiw]
Rasierer shaver ['schaiwə]
Rasierklinge razor blade ['räisə
bläid]
Rasierschaum shaving foam
['schaiwing foum]
Ratte rat [rätt]
rauben rob [robb]
rauchen smoke [ßmouk]
Raucher, Raucherin *(Person)* smoker ['ßmoukə], *(Abteil)* smoking
compartment ['ßmouking
komm'paːtment]
Raum *(Zimmer)* room [ruːm],
(Platz) space [späiß]
realistisch realistic [riːə'lißtik]

Rebe grape variety [gräip
wə'raiəti]

rechnen calculate ['kalkjuläit]

Rechnung invoice ['inwoiß], *(im
Restaurant)* bill [bill]

rechts on the right [onn ðə rait]

recyceln recycle [ri'ßaikl]

Regal rack [räck]

Regen rain [räin]

Regenmantel raincoat [räin kout]

Regenschirm umbrella [am'brell]

Regierung government
['gawənment]

regnen rain [räin]

reich rich [ritsch], **reich an** rich in
[ritsch in]

Reifen ⓑⒺtyre ['taiə], ⒶⒺtire ['tairə]

rein *(Adjektiv)* pure [pju]

rein... into ['intu]

Reinigung *(Geschäft)* drycleaner's
['draikli:nəß], *(Vorgang des Reini-
gens)* cleaning ['kli:ning]

Reis rice [raiß]

Reise journey ['dschöani]

Reisebüro travel agency ['träwl
'äidschənßi]

Reiseführer *(Buch)* travel guide
['träwl gaid]

Reiseführer, Reiseführerin *(Person)* guide [gaid]

reisen travel ['träwl]

Reisepass passport ['pa:ßpɔ:t]

Reisescheck ⓑⒺtraveller's cheque
['träwələs tscheck], ⒶⒺtraveller's
check ['träwələrs tscheck]

Reißverschluss zip [sipp], ⒶⒺzip-
per ['sippər]

reiten ride a horse [raid ə hɔ:ß]
<rode, ridden>

Religion religion [ri'lidschən]

Rennbahn race track [räiß träck]

Rentner, Rentnerin senior citizen
['ßi:niə 'ßitisn]

Reparatur repair [ri'peə]

reparieren repair [ri'peə]

Reservat reservation
[resə'wäitschn]

reservieren book [buck]

Reservierung reservation
[resə'wäischn]

Reservierungsnummer reservation number [resə'wäischn
'nambə]

Restaurant restaurant
['reßtəronnt]

retten save [ßäiw]

Rettungsweste life vest [laif
weßt]

Rezept recipe ['reßəpi]

R-Gespräch ⓑⒺreverse charges
call ['riwös 'tscha:dschəs kɔ:l],
ⒶⒺcollect call [kə'ləkt kɔ:l]

Richter, Richterin judge
[dschadsch]

richtig right [rait]

Richtung direction [dai'rektschn]

riechen smell [ßmell]

Rindfleisch beef [bi:f]

Rock *(Kleidungsstück)* skirt
[ßköət]

roh raw [rɔ:]

Rollstuhl wheelchair [ui:ltscheə]

Rolltreppe escalator ['eßkəläitə]

romantisch romantic
['roumäntick]

rosa pink [pink]
Rose rose [rouß]
Rosé rosé wine [rou'se: uain]
Rost rust [raßt]
rot red [redd]
Rotwein red wine [redd uain]
Route route [ru:t]
Rücken back [bäck]
Rucksack *(für eine Wanderung oder einen Ausflug)* rucksack ['rackßäck], *(für eine Reise oder größere Tour)* backpack ['bäckpäck]
Ruder oar []
ruhig quiet ['kuaiət]
Ruine ruin ['ru:inn]
rund round [raund]
rutschen *(ausrutschen)* slip [ßlipp], *(Fahrzeug)* skid [ßkidd], *((wie) auf einer Rutsche, abrutschen)* slide [ßlaid] <slid, slid>

S

Safe safe [ßäif]
Saft juice [dschu:ß]
Sahne cream [kri:m]
Salat *(grüne Blätter, Pflanze)* lettuce ['lettiß], *(angerichtet)* salad ['ßäləd]
Salz salt [ßɔ:lt]
salzig salty [ßɔ:lti]
Samstag Saturday ['ßätədäi]
Sand sand [ßänd]
Sandale sandal ['ßändl]
satt full [full]
Sattel saddle ['ßäddl]
Satz sentence ['ßentenß]
sauber clean [kli:n]

sauer *(Geschmack)* sour ['ßaua]
Sauerstoffflasche *(für Taucher)* oxygen tank ['oxidschin tänk]
Sauger *(für Babyfläschchen)* nipple ['nippl]
Sauna sauna ['ßɔ:n]
Schal scarf [ßka:f]
scharf *(Geschmack)* hot [hott], *(Klinge)* sharp [scha:p]
Scheckkarte debit card ['debbitt ka:d]
Schein *(Geld)* note [nout], *(Anschein)* appearance [ə'piərənß]
scheinen *(Sonne)* shine [schain] <shone, shone>, *(einen Eindruck erwecken)* seem [ßi:m]
Schere scissors ['ßisəz]
Schiff ship [schipp]
Schild sign [ßain], *(Wegweiser)* signpost [ßainpoußt]
Schinken ham [häm]
schlafen sleep [ßli:p] <slept, slept>
Schlafzimmer bedroom ['bedd ru:m]
Schläger *(für Tennis, Federball, Tischtennis)* racket ['räkət], *(für Golf)* club [klabb], *(für Baseball, Kricket)* bat [bätt]
Schlange *(Tier)* snake [ßnäik], *(wartende Menschen)* queue [kju]
schlank slim [ßlimm]
Schlauch *(für einen Reifen)* tube [tju:b], *(zum Wässern)* hose [houß]
schlecht *(Adjektiv: minderwertig oder verwerflich)* bad [bäd],

(Milch) off [off], *(Fleisch)* rotten ['rottn], *(Adverb)* badly [bädli], jdm ist schlecht sb feels sick [fi:ls ßick] <felt, felt>

schließen *(Tür, Fenster etc., Geschäftszeit unterbrechen)* close [klous], *(ein Geschäft komplett aufgeben)* close down [klous daun]

Schließfach *(für Wertsachen)* safe-deposit box [säif di'posit box], *(für Gepäck)* locker ['lock]

Schloss *(zum Abschließen)* lock [lock], *(Gebäude)* palace ['pälliß]

Schluss end [end], am/zum Schluss in the end [in ði: end]

Schlüssel key [ki:]

schmal *(Streifen, Durchlass)* narrow ['närrou]

schmecken taste [täißt]

Schmerz pain [päin]

schmerzhaft painful ['päinfull]

Schmerzmittel painkiller ['päinkillə]

Schmetterling butterfly ['batəflai]

schmutzig dirty [döati]

Schnaps brandy ['brändi]

Schnecke snail [ßnäil], *(ohne Häuschen)* slug [slagg]

Schnee snow ['ßnou]

schneiden *(mit einer Klinge)* cut [katt] <cut, cut>

Schneider, Schneiderin tailor [täil]

schnell quick [kuick]

Schnorchel snorkel ['ßno:kl]

schnorcheln go snorkelling [gou 'ßno:kəling] <went, gone>

Schnuller ®dummy ['dammi], ⒶⒺpacifier ['päßifaiər]

Schnürsenkel shoelace ['schu:läiß]

Schokolade chocolate ['tschocklət]

schon already [o:l'reddi]

schön *(Adjektiv)* beautiful ['bju:tifəl]

Schönheitssalon ®beauty parlour ['bju:ti pa:l], ⒶⒺbeauty parlor ['bju:ti pa:lər]

Schotte, Schottin Scot [ßkott]

schottisch Scottish ['ßkottisch]

Schottland Scotland ['ßkottlend]

Schrank cupboard ['kabəd], *(für Kleider)* ®wardrobe ['uo:droub], ⒶⒺcloset ['klasett]

schreiben write [rait] <wrote, written>

schreien shout [schaut], *(stärker, z. B. vor Schmerzen oder aus Angst)* scream [ßkri:m]

schriftlich in writing [in raiting]

schüchtern shy [schai]

Schuh shoe [schu:]

Schuhgeschäft shoe shop [schu: schopp], ⒶⒺshoe store [schu: ßtor]

schuldig guilty ['gillti]

Schule school [ßku:l]

Schulter shoulder ['schouldə]

Schuppe *(vom Fisch)* scale [ßkäil]

Schuppen *(im Haar)* dandruff ['dändraf]

Schüssel bowl [boul]

schützen protect ['prouteckt]

schwach *(nicht kräftig)* weak [u̯ik]

Schwager, Schwägerin brother-in-law ['braðə in lɔ:], sister-in-law ['ßißtə in lɔ:]

schwanger pregnant ['pregnent]

Schwangerschaftstest pregnancy test ['pregnənßi teßt]

schwarz black [bläck]

Schwarzbrot whole grain rye bread [ho̯ul gräin ra̯i bredd]

Schwein pig [pigg]

Schweinefleisch pork [pɔ:k]

Schweiz Switzerland ['ßu̯itßlend]

Schweizer Swiss [ßu̯iß]

Schweizer, Schweizerin Swiss [ßu̯iß]

schweizerdeutsch Swiss German [ßu̯iß 'dschö̯amen]

schwer *(Gewicht)* heavy [häwi], *(schwierig)* difficult ['diffiklt]

schwerhörig hard of hearing [ha:d off hi̯aring]

Schwester sister ['ßißtə]

Schwiegermutter mother-in-law ['maðə in l]

Schwiegervater father-in-law ['faðə in l]

Schwimmbad swimming pool ['su̯imming pu:l]

schwimmen swim ['su̯imm] <swam, swum>

schwitzen sweat [ßu̯ett]

schwul gay [gä̯i]

See *(Meer)* sea [ßi:], *(Binnengewässer)* lake [lä̯ik]

seekrank seasick [ßi: ßick]

sehen see [ßi:] <saw, seen>

sehr very ['weri]

Sehtest eye test [a̯i teßt]

Seide silk [ßilk]

Seife soap [ßo̯up]

Seil rope [ro̯up]

Seilbahn *(in der Luft)* gondola ['gonndələ]

sein *(Vollverb)* be [bi] <was, been>, *(Hilfsverb)* ≈ have [häw] <had, had> →Kurzgrammatik S. 155

sein, seine *(Possessivartikel: einer männlichen Person zugeordnet)* his [hiß], *(jedem anderen Nomen zugeordnet)* its [itß] →Kurzgrammatik S. 150

seit *(bestimmter Zeitpunkt)* since [ßinß], seit 2008 since 2008 [ßinß tu θa̯usnd änd ä̯it], *(Zeitspanne)* for [fɔ:], seit drei Tagen for three days [fɔ: θri: dä̯is]

Seite *(seitlicher Teil von etw.)* side [ßa̯id], *(in einem Buch)* page [pä̯idsch]

Sekt sparkling wine ['ßpa:kling u̯a̯in]

Sekunde second ['ßeckend]

Selbstbedienung self-service [ßellf 'ßö̯au̯iß]

Selbstversorger ... für Selbstversorger self-catering ... [ßellf 'kä̯itəring]

selten *(ungewöhnlich)* rare [re]

selten *(nicht oft)* rarely ['re̯əli]

Semmel bread roll ['bredd ro̯ul]

senden send [ßend] <sent, sent>, *(Rundfunk und Fernsehen)* broadcast ['brɔːdkaːßt] <broadcast, broadcast>

Senf mustard ['maßtaːd]

September September [ßep'temmbə]

Serviette napkin ['näppkinn]

Sessel armchair ['aːmtscheə]

Sex sex [ßex]

Shampoo shampoo [schäm'poo]

Show show [schoṷ]

sich *(reflexiv: 3. Person Singular maskulin)* ≈ himself [himm'ßellf], *(3. Person Singular feminin)* ≈ herself [həˈßellf], *(3. Person Singular neutral)* ≈ itself [it'ßellf], *(3. Person Plural)* ≈ themselves [ðəm'ßellws]

sicher safe [ßäjf]

Sicherheitsgurt ⓑⓔ safety belt ['ßäjfti bellt], ⓐⓔ seat belt ['ßiːt bellt]

sie *(Singular)* she [schi], *(Plural)* they [ðäi]

Sie you [ju]

Silber silver ['ßilvə]

Silvester New Year's Eve [nuː jiəß iːw]

singen sing [ßing] <sang, sung>

Sitz seat [ßiːt]

sitzen sit [ßitt] <sat, sat>

Skateboard skateboard ['ßkäitbɔːd]

Ski ski [ßki]

Skilift ski-lift [ßkiː lift]

Skipass ski pass [ßkiː paːß]

Skischuh ski boot [ßkiː buːt]

Skistock ⓑⓔ ski stick [ßkiː ßtick], ⓐⓔ ski pole [ßkiː poṷl]

Skulptur sculpture ['ßkalptschə]

Slipeinlage panty liner ['pänti 'lain]

Snowboard snowboard ['ßnoṷbɔːd]

so *(auf diese Art und Weise)* like this [laik ðiß], *(vor einem Adjektiv)* so [ßoṷ], so schön/teuer so beautiful/expensive [ßoṷ 'bjuːtifəl/ik'ßpennßiw]

Socke sock [ßock]

Sofa sofa ['ßoṷfə]

sofort immediately [i'miːdjətli]

Sohn son [ßann]

Sojabohne soya bean ['ßoijə biːn], ⓐⓔ soybean ['ßoibiːn]

Sojamilch ⓑⓔ soya milk ['ßoijə milk], ⓐⓔ soymilk ['ßoijmilk]

Soldat, Soldatin soldier ['ßoṷldsch]

sollen ought to [ɔːt tu], Sie sollten ... You should ... [ju schudd]

Sommer summer ['ßammə]

Sonne sun [ßann]

Sonnenbrand sunburn ['ßannböən]

Sonnenstich sunstroke ['ßannßtroṷk]

Sonnenuntergang sunset ['ßannßett]

sonnig sunny ['ßanni]

Sonntag Sunday ['ßanndäi]

sorgen sich (um etw./jdn) sorgen worry (about sth/sb) ['u̯ori (ə'baṷt)], für etw./jdn sorgen take care of sth/sb [täik keə off]

Soße sauce [ßɔːß]

Souvenir souvenir ['ßuwəniə]

sowohl ... als auch ... both ... and ... [bo̱ʊð ... änd]

sparen save money [ßä̱iw 'manni], etw. sparen save sth [ßä̱iw]

Spaß fun [fann], etw. macht Spaß sth is fun [iß fann]

spät late [lä̱it]

später (in der Zukunft) later on ['lä̱itə onn]

Spaziergang walk [u̱ːk]

Speck (vom Schwein) bacon ['bä̱ikən]

Speisekarte menu ['mennju]

Speisewagen dining car ['da̱ining ka]

Spezialist, Spezialistin specialist ['ßpeschəlißt]

Spezialität speciality [ßpeschi'äləti]

Spiegel mirror ['mirə]

Spiegelei fried egg [fra̱id egg]

spielen play [plä̱i]

Spielregeln rules of the game [ru̱ːls off ðə gä̱im]

Spinat spinach ['ßpinidsch]

Spinne spider ['ßpa̱idə]

Spirituosen spirits ['ßpiritß]

Spitzname nickname ['nicknä̱im]

Sport sport [ßpɔːt]

Sportgeschäft sports shop [ßpɔːtß schopp]

Sportler, Sportlerin athlete ['äðliːt]

Sprache language ['länguidsch]

sprechen speak [spiːk] <spoke, spoken>

springen jump [dschammp]

Spritze syringe [ßi'rindsch], eine Spritze bekommen ⑱ get an injection [gett än in'dschecktschn], ⑯ get a shot [gett ä schatt] <got, got>

Spur (einer Straße) lane [lä̱in]

Staatsangehörigkeit nationality [näschə'näliti]

Stadion stadium ['ßtä̱idiəm]

Stadt town [ta̱un], (mit Kathedrale oder sehr groß) city ['ßitti]

Stadtmauer town wall [ta̱un u̱ːl], (einer Großstadt) city wall ['ßitti u̱ːl]

Stadtrundfahrt sightseeing tour ['ßa̱itßiːling tu̱ə]

Stadtzentrum ⑱ town centre [ta̱un 'ßent], ⑯ town center [ta̱un 'ßentər]

stark strong [ßtronng]

Starthilfekabel ⑱ jump lead [dschammp liːd], ⑯ booster cable ['bußːtə kä̱ibl]

Statue statue ['ßtätju]

stechen (mit Stachel) sting [ßting] <stung, stung>, (mit Rüssel) bite [ba̱it] <bit, bitten>, (mit spitzem Gegenstand, z. B. Messer) stab [ßtäb]

stehen stand [ßtänd] <stood, stood>

stehlen steal [ßtiːl] <stole, stolen>

Steigbügel stirrup ['ßtirəp]

steigen (in die Luft, Höhe (auch fig.)) rise [ra̱is] <rose, risen>, (auf einen Berg oder Baum) auf etw. steigen climb sth [kla̱im]

steil steep [ßtiːp]

Steilküste steep coast [ßti:p kou̯ßt]

Stein stone [ßtou̯n]

Stelle job [dschobb], *(räumlich)* place [pläiß]

stellen put [putt] <put, put>

sterben die [dai̯] <died, died>

Stiefel boot [bu:t]

Stimme voice [wo̯iß]

Stock floor [flo:], im ersten Stock on the first floor [onn ðə fö̯aßt flo:]

stornieren cancel ['känßl]

Stornierungsgebühr cancellation fee ['känßəläi̯schn fi:]

Strand beach [bi:tsch]

Straße street [ßtri:t], *(außerhalb der Stadt)* road [rou̯d]

Straßenbahn ⒝ tram [träm], ⒜ streetcar ['ßtri:tkar]

Streifen *(Grundstück, längliches Objekt aus Plastic, Stoff etc.)* strip [ßtripp], *(aus Farbe, Markierung)* stripe [ßtrai̯p]

Strom *(Elektrizität)* electricity [ileck'trißəti], *(Gewässer)* river ['riwə]

Strömung current ['karənt]

Strumpf *(kurz)* sock [ßock], *(lang)* stocking ['ßtocking]

Stück piece [pi:ß], *(Scheibe)* slice [ßlai̯ß]

Student, **Studentin** student ['ßtu:dnt]

Stuhl chair [tschḛə]

Stunde hour ['au̯ə], eine viertel Stunde a quarter of an hour [ə 'ku̯:tə off än 'au̯ə]

Sturm storm [ßto:m]

suchen look for [luck fo:], nach etw. suchen search for sth [ßö̯atsch fo:]

Süden south [ßau̯θ]

Supermarkt supermarket ['su:pəma:kett]

Suppe soup [ßu:p]

Suppenlöffel *(um Suppe damit zu essen)* soup spoon [ßu:p ßpu:n], *(Kelle)* ladle ['läi̯dl]

süß sweet [ßu̯i:t]

Süßstoff (artificial) sweetener [('a:tifischl) 'ßu̯i:tənə]

T

Tabak tobacco [tə'bäckou̯]

Tag day [dḛai̯], Guten Tag! Hello! [hellou̯]

Tagebuch diary ['dai̯əri]

Tagessuppe soup of the day [su:p off ðə dḛai̯]

täglich daily ['dḛai̯li]

tagsüber during the day ['dju:ring ðə dḛai̯]

Tal valley ['wäli]

Tampon tampon ['tämponn]

Tanga tanga ['tängə]

Tankstelle ⒝ petrol station ['petrəl 'ßtḛai̯schn], ⒜ gas station [gäß 'ßtḛai̯schn]

Tante aunt [a:nt]

Tanz dance [dä:nß]

tanzen dance [dä:nß]

Tasche bag [bäg], *(an einem Kleidungsstück)* pocket ['pockət]

Taschenmesser pocket knife ['pockət knai̯f]

Taschenrechner pocket calculator ['pockət 'kälkjuläitə]

Taschentuch hankerchief ['hängkətschif], *(Papiertaschentuch)* tissue ['tischju]

Tasse cup [kapp], *(große Henkeltasse)* mug [magg]

Tastatur keyboard ['kibɔːd]

taub deaf [deff]

tauchen dive [daiw] <dove, dived>, *(mit Sauerstoffflasche etc.)* scuba dive ['ßkubə daiw]

Taucherausrüstung scuba equipment ['ßkubə i'kuippmənt]

Taucherbrille diving goggles ['daiwing 'goggls]

Taxi taxi ['täxi]

Taxifahrer, Taxifahrerin taxi driver ['täxi 'dräi'wə]

Technik technology [tek'nollədschi], *(Methode)* technique [tek'niːk]

Tee tea [tiː]

Teelöffel teaspoon ['tiːspuːn]

Teig dough [dou]

Teil part [paːt]

teilen *(aufsplitten)* split [ßplitt] <split, split>, *etw. mit jdm teilen* share sth with sb [schɛə ui]

Teilzeit... part-time [paːt|taim]

Telefon telephone ['tellifoun]

Telefonbuch telephone book ['tellifoun buck]

telefonieren *(gerade am Apparat sein)* be on the telephone [be onn ðə 'tellifoun], *Ich muss dringend telefonieren.* I urgently have to make a phone call. [ai 'ɔədschəntli häw tu mäik ə 'foun kɔːl]

Telefonkarte phonecard [foun kaːd]

Telefonnummer telephone number ['tellifoun 'nambə]

Telefonzelle ⓑ telephone box ['tellifoun box], ⓐ phone booth [foun buːθ]

Teller plate [pläit]

Tempel temple ['templ]

Tennisplatz tennis court ['tenniß kɔːt]

Teppich rug [ragg]

Termin date [däit], *(für ein Treffen)* appointment [ə'pointmənt], *(Ende einer Frist)* deadline ['deddlain]

Tetanus tetanus ['tettənəß]

teuer expensive [ik'ßpennßiw]

Theater ⓑ theatre [θi'et], ⓑ theater [θi'etər]

Theaterstück play [pläi]

Ticket ticket ['tickət]

Tier animal ['änimәl]

Tisch table ['täibl]

Tischtennis table tennis ['täibl 'tenniß]

Titel *(of a book)* title ['taitl]

Tochter daughter ['dɔːt]

Tofu tofu ['toufu]

Toilette toilet ['toilet], *(als Raum auch)* lavatory ['läwətri]

Toilettenpapier toilet paper ['toilet 'päipə]

Tollwut rabies ['räibiːs]

Tomate tomato [tə'maːtouß]

Topf pot [pott], *(Kochtopf)* saucepan ['ßɔːßpän]

Töpferwaren pottery ['pottəri]

Tor *(beim Fußball)* goal [goul], *(Eingang)* gate [gäit]

Torte gateau [gätou], ⒶEcake [käik]

tot dead [dedd]

Touristeninformation tourist information ['turißt infə'mäischn]

tragen carry ['kärri]

Transport transport

Traube grape [gräip]

treffen *(eine Person)* meet [miːt], Wir treffen uns am Flughafen. We are meeting at the airport. [ui; aː 'miːting ätt ðə ɛəpoːt]

Treppe stairs [ßtɛəs]

trinken drink [drink] <drank, drunk>

Trinkgeld tip [tipp], Trinkgeld geben give a tip [giw ə tipp]

Trinkwasser drinking water ['drinking 'wɔːtə]

trocknen dry [drai]

tun do [du] <did, done>, jd tut etw. gern sb likes doing sth [laikß 'duing]

Tür door [dɔː]

Turm tower ['tauə]

Tüte bag [bäg]

U

U-Bahn ⒶEsubway ['ßabbuäi], underground ['andəgraund]

Übelkeit nausea ['nɔːsiə]

über above [ə'baw], im Zimmer über uns in the room above ours [ðə ruːm ə'baw 'auəs], Temperaturen über 30° temperatures above 30° ['tr emprətschəs ə'baw 'θöati di'griːs 'ßellßiəß], *(sich beziehend auf)* about [ə'baut], ein Buch über ... a book about ... [ə buck ə'baut]

Überdosis overdose ['ouwə'dous]

überfallen *(gewaltsam angreifen)* attack [ə'täck], *(um zu rauben)* mug [mugg]

übermorgen day after tomorrow [däi 'äftə tə'morou]

Übernachtungsmöglichkeit accommodation [əkommə'däischn]

überraschen surprise ['ßöaprais]

überweisen transfer [tranß'föa]

Überweisung bank transfer [bänk 'tranßföa]

Uhr clock [klock], *(Armbanduhr, Taschenuhr, an einer Kette)* watch [uottsch], zehn Uhr ten o'clock [tenn ə klock]

Uhrzeit time [taim]

um *(zeitlich)* at [ätt], *(räumlich)* around [ə'raund], um zu in order to [in 'ɔːdə tu]

umsteigen change [tschäindsch]

umtauschen exchange [ix'tschäindsch]

umziehen move [muːw]

und and [änd]

Unfall accident ['äckßident]

uns *(reflexiv)* ≈ ourselves [auə'ßellws]

unser, unsere our ['auə]

197

unten down [daun], at the bottom [ätt ðə bottəm], nach unten downwards ['daunuːds]

unter *(räumlich)* under ['und], *(drückt aus, das etw. unterschritten wird)* lower than ['louə ðän]

Unterbringung accommodation [əkommə'däischn]

Untergeschoss basement ['bäißment]

Unterhemd vest [weßt]

Unterhose ⓑⒺ knickers ['nickəs], ⒶⒺ underpants ['andərpäntß]

Unterricht lessons ['leßəns]

unterrichten teach [tiːtsch] <taught, taught>

unterschreiben sign [ßain]

Unterschrift signature ['ßignätschə]

Untertasse saucer ['ßɔːßə]

Urlaub ⓑⒺ holiday ['hollidäi], ⒶⒺ vacation [wäi'käischn]

USB-Kabel USB cable [juleß'biː 'käibl]

V

Vagina vagina [wä'dschain]

Vater father [fa]

Vegetarier, Vegegarierin vegetarian [wedschi'teəriən]

vegetarisch vegetarian [wedschi'teəriən]

verbinden *(zusammenfügen, am Telefon)* connect [kə'neckt], *(mit Verbandszeug)* bandage ['bändidsch]

verboten prohibited [pro|hibitəd]

verdienen earn [öən]

vergessen forget [fɔː'gett] <forgot, forgotten>

vergewaltigen rape [räip]

verheiratet married ['märrid]

Verkehr traffic ['träffick]

Verkehrsmittel öffentliche Verkehrsmittel ⓑⒺ public transport ['pabblick 'tranßpɔːt], ⒶⒺ public transportation ['pabblick tranßpɔːr'täischn]

Verletzung injury ['indschəri]

verlieren lose [luːs] <lost, lost>

Verlobter, Verlobte fiancé ♀ fiancée ['fiannße]

Vermieter, Vermieterin landlord ['ländlɔːd], ♀ landlady ['ländläidi]

verrückt crazy ['kräisi]

Versichertenkarte insurance card [in'schuərenß kaːd]

Versicherung insurance [in'schuərenß]

verstehen understand [andə'ßtänd] <understood, understood>

verstopft *(Abfluss, Toilette)* blocked [blockd]

Verstopfung *(gestörte Verdauung)* indigestion [indai'dscheßtschn]

versuchen try [trai]

Vertrag contract ['konnträckt]

verwitwet widowed ['uidoud]

viel a lot [ə lott], zu viel too much [tu: matsch]

viele many ['menni]

vielleicht perhaps [pə'häppß]

viertel quarter ['quɔːt], viertel vor/nach eins a quarter to/past one [ə 'quɔːtə tu/päßt uann]

Viertel *(vierter Teil von etw.)* quarter [ˈquɔːt]

Vierteljahr quarter of a year [əˈquɔːtə off ə jiɐ]

Visum visa [ˈwiß]

voll full [full]

voller full of [ˈfull off]

Vollpension full board [full bɔːd]

Vollwertkost ⒷⒺ wholefood [ˈhɔulfuːd], ⒶⒺ natural food [ˈnätschərəl fuːd]

Vollzeit... full-time [ˈfulltaim]

von from [fromm], *von Süden* from the South [fromm ðə ßauθ], *eine Nachricht von meinen Reiseleiter* a message from my tour guide [ə ˈmessidsch fromm mai tuɐ gaid]

vor *(räumlich)* in front of [in fronnt off], *(zeitlich)* ago [əˈgou], *vor zehn Minuten* ten minutes ago [tenn ˈminnitß əˈgou]

vorgestern the day before yesterday [ðə däi befɔː ˈjesterdäi]

Vormittag morning [ˈmɔːning]

vormittags in the morning [in ðə ˈmɔːning]

vorn at/on the front [ätt/onn ðə fronnt]

Vorname first name [fɵ̈əßt näim]

Vorort suburb [ˈßabö̈əb]

Vorsicht caution [ˈkɔːschn], *Vorsicht!* Look out! [luck aut]

vorsichtig careful [ˈkeɐfull]

Vorspeise ⒷⒺ starter [ˈstaːtə], ⒶⒺ appetizer [apəˈtaisər]

vorziehen prefer [priˈfö̈ɐ] <preferred, preferred>

W

wachsen grow [grou] <grew, grown>

wählen choose [tschuːs] <chose, chosen>

wahr true [truː]

Währung currency [ˈkarənßi]

Wald forest [ˈfɔræßt]

wandern hike [haik]

wann when [uenn]

warm warm [uɔːm]

warnen warn [uɔːn]

warten wait [uait]

Wartezimmer waiting room [ˈuaiting ruːm]

warum why [uai]

was what [uott]

Wäscherei laundry [ˈlɔːndri]

Waschmaschine washing machine [ˈuosching mäˈschiːn]

Wasser water [ˈwɔːtə]

wasserdicht waterproof [ˈwɔːtəpruːf]

Wasserfall waterfall [ˈwɔːtəfɔːl]

Wasserhahn ⒷⒺ tap [täpp], ⒶⒺ faucet [ˈfaßit]

Wechselgeld change [tschäindsch]

Wechselkurs exchange rate [ixˈtschäindsch räit]

wechseln change [tschäindsch], *(in eine andere Währung)* exchange [ixˈtschäindsch], *(in Kleingeld)* change [tschäindsch]

Wecker alarm clock [əlaːm klock]

Wales Wales [uäils]

Waliser, Waliserin person from Wales ['pöaßn fromm uäils]
walisisch Welsh [uellsch]
Wand wall [uo:l]
Weg way [uäi], *(Pfad)* trail [träil]
weg away [ə'uäi]
wehtun hurt [höat] <hurt, hurt>
weiblich female ['fimäil]
Weihnachten Christmas ['krißməß]
Wein wine [uain]
weiß white [uait]
Weißwein white wine [uait uain]
wenig little ['littl], *(vor zählbaren Nomen)* few [fju]
weniger less [leß], *(vor zählbaren Nomen)* fewer ['fju:ə]
wer who [hu:]
Werkstatt garage [gä'ra:dsch]
Wertsachen valuables ['wäljuəbls]
wertvoll valuable ['wäljuəbl]
wessen whose [hu:s]
Westen west [ueßt]
Wickelraum nappy changing facility ['näppi 'tschäindsching fä'ßilliti], ⒶEdiaper changing facility ['daiəpər 'tschäindsching fəcilliti]
Wiedersehen! Bye-bye! [bai bai], Auf Wiedersehen! Goodbye! [gudd bai]
Wiese meadow ['meddou]
Wind wind [uind]
Windel nappy ['näppi], ⒶEdiaper ['daiəpər]
windig windy ['uindi]

Windschutzscheibe front screen [fronnt ßcri:n], ⒶEwindshield ['uindschi:ld]
Winter winter ['uint]
wir we [ui:]
wissen know [nou]
wo where [ueə]
Woche week [ui:k]
Wochenende weekend [ui:klend]
wohnen live [liw]
Wohnung flat [flätt], ⒶEapartment [ə'partment]
Wohnwagen ⒷEcaravan ['kärəwän], ⒶEcamper ['kämpər]
Wohnzimmer living room ['liwing ru:m]
wollen want [uonnt]
Wort word [uö:d]
Wörterbuch dictionary ['dickschənri]
wunderbar wonderful ['uanndəfəl]
Wurst sausage ['ßoßidsch]
Wüste desert ['desət]

Z

Zahl number ['nambə]
zahlen pay [päi] <paid, paid>
Zahlung payment [päiment]
Zahlungsweise mode of payment [moud off päiment]
Zahn tooth [tu]
Zahnbürste toothbrush ['tu:θbrasch]
Zahnpasta toothpaste [tu:θpäißt]
Zahnstocher toothpick ['tuθpick]
Zange pliers ['plaiəs]
Zeh toe [tou]

Zeit time [taim], in letzter Zeit
recently ['reßntli]
Zeitschrift magazine ['mägəsinn]
Zeitung newspaper ['nju:ßpäip]
Zelt tent [tent]
zelten camp [kämp]
Zeltplatz campsite ['kämp ßait]
Zentimeter centimetre
['ßentimi:tə]
zentral central ['ßentrəl]
Zentrum centre ['ßentə], Ⓐ center
['ßentər]
Ziege goat [gout]
Zigarette cigarette ['ßigərett]
Zigarre cigar [ßi'ga]
Zimmer room [ru:m]
Zimmernummer room number
[ru:m 'namb]
Zitrone lemon [lemmən]
Zoll (Behörde) customs
['kaßtəms], (Abgabe) customs
duty ['kaßtəms 'djuti]

zu to [tu], (verschlossen) locked
[lockd]
Zucker sugar ['schuggə]
zuckerfrei sugar-free ['schuggə
fri:]
zufrieden happy ['häppi]
Zug train [träin]
Zügel reins [räins]
Zündkerze spark plug [ßpa:k
plagg]
zurück back [bäck], (rückwärts)
backwards ['bäckuŋ:dß]
zurückgeben return [ri'töən]
zurückkehren return [ri'töən]
zusammen together [tu'ge]
zustimmen agree [ə'gri], einer
Sache zustimmen agree to sth
[ə'gri: tu]
Zwiebel onion ['anjən]
zwischen between [bit'uiːn]

Englisch-Deutsch

A

a [ə] ein, eine

AA [äi|'äi] Automobile Association: britischer Autofahrerverein, ähnlich dem ADAC

AAA [äi|äi|'äi] American Automobile Association: US-amerikanischer Autofahrerverein, ähnlich dem ADAC

abbey ['äbbi] Abtei

able ['äibl] **be able to do sth** [bi 'äibl tu du] etw. tun können

about [əbau̯t] über, ungefähr

above [ə'baw] über, oberhalb

abroad [əbrɔːd] ins/im Ausland

absolute(ly) ['abßəluːt(li)] absolut

accept [äk'ßeppt] akzeptieren, anerkennen

accident ['äckßident] Unfall **by accident** [bai̯ 'äckßident] versehentlich

accommodation ['əkommə'däischn] Übernachtungsmöglichkeit, Unterbringung

accompaniment [ä'kampäniment] Beilage

account [äkau̯nt] Konto

account number [ə'kau̯nt 'nambə] Kontonummer

across [ə'kroß] über

ad [äd] Anzeige

adaptor [ə'daptə] Adapter

add [äd] addieren

add up [äd app] **add sth up** [äd ... app] etw. addieren **add up to sth** [äd app tu] sich auf etw. belaufen

address [ə'dreß] Adresse

adult ['ädalt] Erwachsener, Erwachsene

adult ['ädalt] erwachsen

after ['aftə] nach

afternoon ['aftənuːn] Nachmittag **in the afternoon** [in ði: aːfta'nuːn] nachmittags

again [ə'genn] noch einmal, wieder **all over again** [ɔl 'ou̯wə ə'genn] wieder ganz von vorn

against [ə'gennßt] gegen

age [äidsch] Alter

ago [ə'gou̯] vor

agree [ə'griː] zustimmen

AIDS [äids] Aids

air [eə] Luft

air conditioning [eə kən'dischening] Klimaanlage

aircraft ['eəkraːft] Flugzeug

airline ['eəlai̯n] Fluggesellschaft

airmail ['eəmäil] Luftpost

air mattress ['eə mättreß] Luftmatratze

airport ['eəpɔːt] Flughafen

aisle [äil] Gang

alarm clock [əla:m klock] Wecker

alcohol ['alkəhɔll] Alkohol

alcohol-free ['alkəhɔll friː] alkoholfrei

all [ɔːl] alle all right [ɔːl raɪt] in Ordnung all sorts of [ɔːl sɔːtsß off] allerlei all the ... [ɔːl ðə] der/die/das ganze ...

allergy ['äledschi] Allergie

all-inclusive [ɔːl inˈkluːßiw] Pauschal... all-inclusive price [ɔl inˈkluːßiw praɪß] Pauschalpreis

allow [əˈlaʊ] erlauben

almond ['aːmənd] Mandel

almost ['ɔːlmoʊßt] fast

alone [əˈloʊn] allein

along [əˈlong] entlang, längs

already [ɔːlˈreddi] schon

also ['ɔːlßoʊ] auch

altar ['ɔltə] Altar

although [ɔlˈðoʊ] obwohl

always ['ɔːluaɪs] immer

am [äm] I am [aɪ äm] ich bin

a.m. [aɪ emm] morgens, nachmittags

ambulance ['ämbjulənß] Krankenwagen

America [əˈmerickə] Amerika

American [əˈmerickən] Amerikaner, Amerikanerin

American [əˈmerickən] amerikanisch

amount [äˈmaʊnt] Menge, Betrag

an [än] ein, eine

®**anaesthetic**, ⓐ**an·es·thet·ic** [anäßˈθettick] Narkose general anaesthetic ['dschennerell anäßˈθettick] Vollnarkose local anaesthetic ['loʊkl anäßˈθettick] örtliche Betäubung

and [änd] und

animal ['äniməl] Tier

ankle ['änkl] Knöchel

announce [əˈnaʊnß] ankündigen, bekannt geben

announcement [əˈnaʊnßment] Durchsage make an announcement [maɪk än əˈnaʊnßment] etwas bekanntgeben

another [əˈnaðə] noch ein/eine, ein anderer/eine andere/ein anderes

answer ['aːnsə] Antwort

answer ['aːnsə] antworten

ant [änt] Ameise

antibiotics ['äntibaɪotickß] Antibiotika

any ['enni] etwas, ein paar not ... any [nott ... 'enni] kein, keine

anybody ['ennibədi] jemand

anymore [enniˈmɔː] not anymore [nott enniˈmɔː] nicht mehr

anything ['enniθing] etwas, irgendetwas not ... anything [nott ... 'enniθing] nichts

anywhere ['ennilueə] irgendwo, überall

ⓐ**apartment** [əˈpartment] Wohnung

®**apologise**, ⓐ**apologize** [əˈpollədschaɪs] sich entschuldigen

apology [əˈpollədschiː] Entschuldigung make an apology [maɪk än əˈpollədschi] sich entschuldigen

appearance [əˈpiərənß] Schein

ⓐ**appetizer** [apəˈtaɪsər] Vorspeise

apple ['äpl] Apfel

application [äpliˈkäischn] Antrag, Bewerbung

203

appointment [ə'pointmənt] Termin

apricot [äiprikott] Aprikose

April ['äiprəl] April

archery [a:tschəri] Bogenschießen

are [a:] bist, sind, seid

area ['eəriə] Gegend, Gebiet

arm [a:m] Arm

armchair ['a:mtscheə] Sessel

around [ə'raund] gegen, ungefähr, um ... herum

arrival [ä'raiwl] Ankunft

arrive [ä'raiw] ankommen

art [a:t] Kunst

artichoke [a:titschouk] Artischocke

artificial ['a:tifischl] künstlich

as [əß] da as ... as [əß ... əß] so ... wie

ask [äßk] fragen ask for sth [äßk fɔ:] um etw. bitten

at [ätt] an, bei, in, um

athlete ['äðli:t] Sportler, Sportlerin

ATM [äjti:l'em] Geldautomat

attack [ə'täck] überfallen, angreifen

August ['ɔ:gəßt] August

aunt [a:nt] Tante

Austria ['ɔßtria] Österreich

Austrian ['ɔßtriən] Österreicher, Östereicherin

Austrian ['ɔßtriən] österreichisch

automatic ['ɔ:təmätick] automatisch

Ⓑ**autumn** ['ɔ:təm] Herbst

away [ə'uäi] weg

B

baby ['bäibi] Baby

baby bottle ['bäibi 'bottl] Babyfläschchen

Ⓐ**baby carriage** ['bäibi 'keridsch] Kinderwagen

baby food ['bäibi fu:d] Babynahrung

baby powder ['bäibi 'paudə] Babypuder

back [bäck] Rücken

back [bäck] zurück

backpack ['bäckpäck] Rucksack

backwards ['bäckuɔ:dß] rückwärts, zurück

bacon ['bäikən] Speck

bad(ly) [bäd(li)] schlecht

bag [bäg] Tasche, Tüte

baker ['bäikə] Bäcker, Bäckerin

bakery ['bäikəri] Bäckerei

balcony ['bällkəni] Balkon

ball [bɔ:l] Ball

ballpoint pen ['bɔ:lpoint penn] Kugelschreiber

banana [bə'na:nə] Banane

bandage ['bändidsch] verbinden

bank [bänk] Bank

Ⓑ**bank holiday** [bänk 'hollidäi] Feiertag

bank transfer [bänk 'tranßföə] Überweisung

barber ['ba:bə] Herrenfriseur, bei dem man sich auch rasieren lassen kann, Barbier

basement ['bäißment] Untergeschoss

basket ['ba:ßkət] Korb

bat [bätt] Schläger, Fledermaus
bathroom ['ba:θru:m] Bad
bathtub ['ba:θtabb] Badewanne
battery ['bätəri] Akku, Batterie
be [bi] <was, been> sein, liegen
beach [bi:tsch] Strand
bean [bi:n] Bohne
beautiful ['bju:tifəl] schön
ⓐ beauty parlor ['bju:ti pa:lər],
ⓑ beauty parlour ['bju:ti pa:lə]
   Schönheitssalon
because [bi'kɔ:s] denn
bed [bedd] Bett
bedlinen ['beddlinnən] Bettzeug
bedroom ['beddru:m] Schlafzimmer
beef [bi:f] Rindfleisch
beer [biə] Bier
begin [bi'ginn] beginnen
beginning [bi'ginning] Anfang
believe [bi'li:w] glauben
belly ['belli] Bauch
belong to [bi'long tu] gehören
bench [benntsch] Bank
better ['bettə] besser
between [bit'ui:n] zwischen
beverage ['bewəridsch] Getränk
bicycle ['baißickl] Fahrrad
big [bigg] dick
bike [baik] Fahrrad
ⓐ bike path [baik päth] Radweg
bill [bill] Rechnung
binoculars [bai'nockjula:s] Fernglas
birthday ['bɔəθdäi] Geburtstag
ⓑ biscuit ['bißkət] Keks
bite [bait] <bit, bitten> beißen, stechen

bitter ['bittə] bitter
black [bläck] schwarz
bladder ['blädə] Blase
blanket ['blänkət] Decke
blind [blaind] blind
blister ['blißtə] Blase
blocked [blockd] verstopft, blo-
   ckiert
blood [bladd] Blut
blouse [blaus] Bluse
blue [blu:] blau
booster cable ['bu:ßtə käibl] Starthilfekabel
body ['boddi] Körper
boil [boil] kochen
bone [boun] Knochen, Gräte
book [buck] Buch
book [buck] buchen, reservieren
   fully booked ['fulli buckt] ausgebucht
booking ['bucking] Buchung
boot [bu:t] Stiefel
born [bɔ:n] geboren
boss [bɔß] Chef, Chefin
bottle ['bottl] Flasche
bottle opener ['bottl 'oupən:] Flaschenöffner
bowl [boul] Schüssel
boy [boi] Junge
brake [bräik] Bremse
brake [bräik] bremsen
brandy ['brändi] Schnaps
bread [bredd] Brot
bread roll ['bredd roul] Brötchen
break [bräik] Pause
breakfast ['breckfəßt] Frühstück
breast [breßt] Brust
bright [brait] hell

bring [bring] bringen, herbringen
bring along [bring ə'long] mitbringen
Brit [britt] Brite, Britin
British ['brittisch] britisch
broadcast ['brɔːdkaːßt] <broadcast, broadcast> senden, ausstrahlen
brochure ['brouschə] Prospekt
broken ['broukən] kaputt, zerbrochen
bronchitits [bronn'kaitis] Bronchitis
brook [bruck] Bach
brother ['braðə] Bruder
brown [braun] braun
bubble ['babbl] Blase
building ['bilding] Gebäude
bus [baß] Bus
bus stop [baß ßtopp] Bushaltestelle
busy ['bisi] besetzt, beschäftigt
but [batt] aber
butcher ['butschə] Fleischer, Fleischerin **butcher's** ['butschəß] Fleischerei
butter ['batə] Butter
butterfly [batəflai] Schmetterling
button ['battn] Knopf
buy [bai] <bought, bought> kaufen
bye-bye! [bai bai] Wiedersehen!

C

cable ['käibl] Kabel
café ['käfäi] Café
cake [käik] Kuchen, Torte
calculate ['kalkjuläit] rechnen
call [kɔːl] Anruf

call [kɔːl] rufen, anrufen
camera ['kämərə] Kamera
camp [kämp] campen, zelten
Ⓐ**camper** ['kämpər] Wohnwagen
campsite ['kämp ßait] Campingplatz, Zeltplatz
can [kän] Dose
can [kän] <could, –> können
Ⓐ**canned** [känd] in der Dose **canned tomatoes** [känd tə'mäidouß] Tomaten in der Dose
cancel ['känßl] stornieren, absagen
cancellation fee ['känßəläischn fiː] Stornierungsgebühr
cap [käpp] Kappe
car [ka] Auto
Ⓑ**caravan** ['kärəwän] Wohnwagen
card [kaːd] Karte
cardigan ['kaːdigən] Strickjacke
careful ['keəfull] vorsichtig
carrot ['kärrət] Karotte
carry ['kärri] tragen
cash [käsch] Bargeld
cash (in) [käsch (in)] einlösen, zu Geld machen
cat [kätt] Katze
caution ['kɔːschn] Vorsicht
cave [käiw] Höhle
celebration [ßellə'bräischn] Feier
cellar ['ßelə] Keller
cent [ßent] Cent
Ⓐ**center** ['ßentər] Zentrum
Ⓐ**centimeter** ['ßentimiːtər], Ⓑ**centimetre** ['ßentimiːtə] Zentimeter
central ['ßentrəl] zentral

⓮**centre** ['ßentə] Zentrum
chair [tscheə] Stuhl
chance [tscha:nß] Chance
change [tschäindsch] Verände-
 rung, Wechsel, Wechselgeld,
 Kleingeld
change [tschäindsch] (sich) verän-
 dern, wechseln, umsteigen
charge [tscha:dsch] Strafanzeige,
 Gebühr (BE) reverse charges
 ['riwöəs 'tscha:dschəs ko:l] R-
 Gespräch
charger ['tscha:dschə] Ladegerät
cheap [tschi:p] billig
check [tscheck] prüfen
checkout ['tscheckaut] Kasse
cheers! [tschiəs] prost!
cheese [tschi:s] Käse
chest [tscheßt] Brust
chewing gum ['tschu:ing gamm]
 Kaugummi
chicken ['tschickn] Huhn, Hähnchen
child [tschaild] Kind
child-friendly [tschaild 'frendli]
 kinderfreundlich
children's pool ['tschildrenß pu:l]
 Kinderbecken
chip [tschipp] (Computer)chip
⓮**chips** [tschipß] Pommes frites
chocolate ['tschocklət] Schokolade
choose [tschu:s] <chose, chosen>
 wählen
Christian ['krißtjən] Christ
Christian ['krißtjən] christlich
Christmas ['krißməß] Weihnachten

cigar [ßi'ga:] Zigarre
cigarette ['ßigarett] Zigarette
cigarette lighter ['ßigarett 'laitə]
 Feuerzeug
cinema ['ßinəma:] Kino
city ['ßitti] Stadt, Großstadt
city wall ['ßitti uo:l] Stadtmauer
clean [kli:n] sauber
clean [kli:n] putzen
cleaning ['kli:ning] Putzen, Reinigung
clock [klock] Uhr
close [klous] nah
close [klous] schließen
close down [klous daun] schließen
⓮**closet** ['klasett] Schrank
clothes [klouðs] Kleidung
club [klabb] Schläger
clutch [klatsch] Kupplung
⓮**coach** [koutsch] Reisebus, Über-
 landbus
⓮**coach stop** [koutsch sßopp]
 Bushaltestelle für Reisebusse
coast [koußt] Küste
coat [kout] Mantel
cockroach ['kockroutsch] Kakerlake
cocoa powder ['koukou 'paudə]
 Kakaopulver
code [koud] Code
coffee [koffi] Kaffee
coin [koin] Münze
cold [could] kalt
collect [ko'leckt] abholen
⓮**collect call** [kə'ləkt ko:l] R-
 Gespräch

Ⓐ**color** ['kallər], Ⓑ**colour** ['kallə] Farbe

comb [koum] Kamm

comb [koum] kämmen

come [kamm] <came, come> kommen

commission [kə'mischn] Kommission

commuter train [komm'jutə träin] Nahverkehrszug, Pendlerzug

company ['kammpəni] Firma

compass ['kommpaß] Kompass

complaint [komm'pläint] Beschwerde

computer [komm'pjutə] Computer

concert ['konnßət] Konzert

condom ['konndəm] Kondom

confirm [kən'föəm] bestätigen

confirmation [konnfə'mäischn] Bestätigung

congratulate [konng'rätjuläit] gratulieren

connect [kə'neckt] verbinden

connection [kə'nektschn] Anschluss

connections [kə'necktschnß] Beziehungen

consulate ['konnsjulət] Konsulat

continent ['konntinent] Kontinent

contract ['konnträckt] Vertrag

control [kən'troul] Kontrolle

control [kən'troul] kontrollieren

conversation [konnwə'ßäischn] Gespräch

cook [kuck] Koch, Köchin

cook [kuck] kochen

Ⓐ**cookie, cooky** ['kucki] Keks

cool [ku:l] kühl

cool [ku:l] kühlen

Ⓐ**cork** [kork] Korken

cork screw [ko:k ßkru:] Korkenzieher

Ⓑ**cork stopper** [ko:k 'ßtopə] Korkverschluss

cost [koßt] <cost, cost> kosten

Ⓐ**costume** ['koßtju:m] *(Verkleidung)* Kostüm

cough [koff] Husten

cough syrup [koff 'ßirəp] Hustensaft

country ['kantri] Land

couple ['kappl] Paar

courageous [kə'räidschəß] mutig

course [ko:ß] Kurs

cousin ['kasn] Cousin, Cousine

cover ['kawə] Gedeck

crab [krä:b] Krabbe

craft [kra:ft] Kunsthandwerk

craftwork [' kra:ftuöak] Kunsthandwerk

crazy ['kräisi] verrückt

cream [kri:m] Creme, Sahne

credit card ['kreddit ka:d] Kreditkarte

crutch [kratsch] Krücke

cucumber ['kjukambə] Schlangengurke

cup [kapp] Tasse

cupboard ['kabəd] Schrank

curl [köal] Locke

currency ['förəßt] Währung

current ['karənt] Strömung

cushion ['kuschn] Kissen

customs ['kaßtəms] Zoll

customs duty ['kaßtəms 'djuti] Zoll(gebühr)

cut [katt] <cut, cut> schneiden

ⓑ**cycle way** ['ßaikl uäi] Radweg

cyclist ['ßaiklißt] Radfahrer, Radfahrerin

D

daily ['däili] täglich

dairy ['deəri] Molkerei, Milchprodukte

dairy products ['deəri 'proddackts] Milchprodukte

dance [dä:nß] Tanz

dance [dä:nß] tanzen

dandruff ['dändraf] Schuppen

dark [da:k] dunkel

date [däit] Datum, Rendez-Vous

daughter ['dɔ:tə] Tochter

day [däi] Tag

dead [dedd] tot

deadline ['deddlain] Abgabetermin, letzter Termin, bis zu dem etw. möglich ist

deaf [deff] taub

debit card ['debbitt ka:d] Scheckkarte

December [di'ßemmbə] Dezember

defect ['difeckt] Mangel, Defekt

degree [di'gri:] Grad

depart [di'pa:t] abreisen, abfahren, abfliegen

department store [dipa:tment ßtɔ:] Kaufhaus

departure [di'pa:tschə] Abreise, Abfahrt, Abflug

deposit [di'pɔsit] Anzahlung

desert ['desət] Wüste

dessert ['disöət] Nachspeise

dessert spoon [di'söət ßpu:n] *(für den Nachtisch)* Löffel

destination [deßti'näischn] Ziel, Reiseziel

develop [di'velləp] entwickeln

development [di'velləpment] Entwicklung

ⓐ**diaper** ['daiəpər] Windel

diary ['daiəri] Tagebuch, Kalenderbuch

dictionary ['dickschənri] Wörterbuch

die [dai] <died, died> sterben

diet ['daiət] Diät, Ernährung

different ['diffrent] andere, anders

difficult ['diffiklt] schwer, schwierig

dining car ['daining ka] Speisewagen

dinner ['dinnə] Abendessen

diphtheria [dif'θiəriə] Diphtherie

direct [dai'reckt] direkt

direct flight [dai'reckt flait] Direktflug

direction [dai'rektschn] Richtung

directory enquiries [dai'recktəri in'kuaiəri:s] Telefonauskunft

dirty ['döəti] schmutzig

disability card [dißə'billiti ka:d] Behindertenausweis

disabled [diß'äibld] behindert

disabled person [diß'äibld 'pöəßn] Behinderte

discount ['dißkaunt] Rabatt

disease [di'si:s] Krankheit

disfunctional [diß'fanktschnəl] defekt, gestört

dish [disch] Gericht
disposable [diß'pousibl] Einweg...
dive [daiw] <dove, dived> tauchen
diving goggles ['daiwing 'goggls] Taucherbrille
divorced [di'wɔːßt] geschieden
do [du] <did, done> machen, tun
doctor ['docktə] Arzt, Ärztin
Ⓐ**doctor's office** ['dacktərß 'affiß] Praxis
dog [dogg] Hund
doll [doll] Puppe
door [dɔː] Tür
double ['dabbl] doppelt
double room ['dabbl ruːm] Doppelzimmer
dough [dou] Teig
down [daun] unten
dress [dreß] Kleid
drink [drink] trinken
drinking water ['drinking 'wɔːtə] Trinkwasser
drive [draiw] Fahrt
drive [draiw] fahren
driver ['draiwə] Fahrer, Fahrerin
Ⓐ**driver's license** [draiwing 'laißenß] Führerschein
driveway ['draiwuäi] Ausfahrt
Ⓑ**driving licence** [draiwing 'laißenß] Führerschein
dry [drai] <dried, dried> trocknen
drycleaner's ['draikliːnəß] Reinigung
Ⓑ**dummy** ['dammi] Schnuller
duvet cover ['duweː 'kawə] Bettbezug

E

ear [iə] Ohr
early ['öali] früh
earn [öan] verdienen
east [iːßt] Osten
easy ['iːßi] einfach
eat [iːt] <ate, eaten> essen
egg [egg] Ei
electricity [ileck'trißəti] Strom
Ⓐ**elevator** ['ellawäitə] Aufzug
e-mail [iː mäil] E-Mail
emergency [i'möədschənßi] Notfall
empty ['empti] leer
end [end] Ende, Schluss
engine ['endschin] Motor
England ['ingIglend] England
English ['ingIglisch] englisch
Englishman ['ingIglischmän] Engländer
Englishwoman ['ingIglischIumən] Engländerin
enrol [en'roul] (sich) anmelden
entrance ['entränß] Eingang
Ⓐ**entrance ramp** ['entrənß rämp] Autobahnauffahrt
escalator ['eßkälətə] Rolltreppe
euro ['juərou] Euro
Europe ['juərəp] Europa
European ['juərəpiːən] Europäer, Europäerin
European ['juərəpiːən] europäisch
evening ['iːwning] Abend
every ['ewri] jeder
everyone ['ewriuann] alle, jeder
exchange [ix'tschäindsch] umtauschen, wechseln

exchange rate [ix'tschäjndsch räjt] Wechselkurs

excursion [ikß'köaschn] Ausflug

exit ['eksit] Ausfahrt, Abfahrt, Ausgang

expensive [ik'ßpennßiw] teuer

explain [ex'pläjn] erklären

eye [aj] Auge

eye test [aj teßt] Sehtest

F

face [fäjß] Gesicht

factory ['fäcktəri] Fabrik

ⒶⒺ**fall** [fɔːl] Herbst

fall [fɔːl] <fell, fallen> fallen

family ['fämili] Familie

ⒷⒺ**fancy dress** ['fänßi dreß] *(Verkleidung)* Kostüm

far [faːʳ] weit

fashion ['fäschn] Mode

fast [faːßt] schnell

father [faːðəʳ] Vater

father-in-law ['faθə in lɔː] Schwiegervater

fax [fäx] Fax

fax [fäx] faxen

fax number [fäx 'nambə] Faxnummer

February ['februəri] Februar

female ['fimäjl] weiblich

ferry ['ferri] Fähre

fever ['fiːwə] Fieber

few [fjuː] wenig

♂**fiancé**, ♀**fiancée** ['fiannße:] Verlobter, Verlobte

field [fiːld] Feld

fight [fajt] kämpfen

fillet ['fillitt] entgräten

fill in [fill in] ausfüllen

fill out [fill aut] ausfüllen

film [film] Film

fine [fajn] Bußgeld

fine [fajn] fein, gut

finger ['fing|gə] Finger

finished ['finnischd] fertig

fire ['fajə] Feuer

first [föaßt] erster, erste, erstes

ⒶⒺ**first floor** [förßt flor] Erdgeschoss

first name [föaßt näjm] Vorname

fish [fisch] Fisch

ⒷⒺ**fish finger** [fisch 'fing|gə] Fischstäbchen

ⒶⒺ**fish stick** [fisch ßtick] Fischstäbchen

flag [fläg] Fahne

ⒷⒺ**flat** [flätt] Wohnung

flat [flätt] flach

ⒶⒺ**flavor** ['fläjwəʳ], ⒷⒺ**flavour** ['fläjwə] Geschmack

flight [flajt] Flug

flight connection [flajt kə'necktschn] Anschlussflug

floor [flɔː] Etage, Stock(werk)

flour ['flauə] Mehl

flower ['flauə] Blume

flower shop ['flauə schopp] Blumenladen

fly [flaj] fliegen

foggy ['foggi] neblig

food [fuːd] Essen, Lebensmittel

frozen foods ['frousn fuːds] Tiefkühlkost

foot [futt] Fuß

for [fɔː] für, seit

foreign ['forrən] fremd

forest ['fɔrəßt] Wald

forget [fɔːˈgett] <forgot, forgotten> vergessen

fork [fɔːk] Gabel

form [fɔːm] Formular

free [friː] frei

French [frenntsch] französisch

Friday ['fraidäi] Freitag

fridge [fridsch] Kühlschrank

fried [fraid] gebraten

friend [frend] Freund, Freundin

from [fromm] aus, von

front screen [fronnt ßkriːn] Windschutzscheibe

fruit [fruːt] Obst, Frucht

fruitspread ['fruːtß|predd] Fruchtaufstrich

frying pan ['fraiing pän] Pfanne

full [full] voll, satt **full of** [full off] voller

full board [full bɔːd] Vollpension

full-time ['fulltaim] Vollzeit...

fun [fann] Spaß

funny ['fanni] lustig

furniture ['föanittschə] Möbel

G

garage [gäˈraːdsch] Garage, Werkstatt

garden ['gaːdn] Garten

gardener ['gaːdnə] Gärtner, Gärtnerin

gas station [gäß 'ßtäischn] Tankstelle

gate [gäit] Tor, Gatter

gateau [gätou] Torte

gay [gäi] schwul

gentleman ['dschentlmän] Herr

Gents [dschentß] Herrentoilette

German ['dschöamen] deutsch

German ['dschöamen] Deutscher, Deutsche

Germany ['dschöamenni] Deutschland

get [gett] <got, got> kriegen, holen

gherkin ['göːkin] *(klein und eingemacht)* Gurke

girl [göal] Mädchen

give [giw] <gave, given> geben

gladly ['glädli] gern

glass [glaːß] *(Trinkglas)* Glas

gloss finish [gloß 'finnisch] Hochglanz

glove [glaw] Handschuh

go [gou] <went, gone> gehen, fahren

goal [goul] Tor

goat [gout] Ziege

golf [gollf] Golf

golf course [gollf kɔːß] Golfplatz

gondola ['gonndələ] Seilbahn

good [gudd] gut

government ['gawənment] Regierung

GP [dschiːˈlˈpiː] Allgemeinmediziner

grab [gräːb] packen, reifen

gram [gräm] Gramm

grandfather ['grändfaːðə] Großvater

grandmother ['grändmaðə] Großmutter

grandparents ['gränd'pərents] Großeltern

grape [gräip] Traube

grape variety [gräip wə'raiəti] Rebe

gravy ['gräiwi] Bratensoße

⒜**gray** [gräi] grau

Great Britain [gräit 'brittn] Großbritannien

green [gri:n] grün

greet [gri:t] grüßen

greeting ['gri:ting] Gruß

⒝**grey** [gräi] grau

groceries ['groußəri:s] Einkäufe (aus dem Supermarkt)

grocery ['groußəri] Geschäft, das Nahrungsmittel und verschiedene Haushaltswaren verkauft, kleiner Supermarkt

⒝**groundfloor** [graundflo:] Erdgeschoss

grow [grou] <grew, grown> wachsen

guest [geßt] Gast

guest house [geßt hauß] Pension

guide [gaid] Reiseführer

guide [gaid] führen

guide dog ['gaid dogg] Blindenhund

guilty ['gillti] schuldig

H

hair [häə] Haar

hairdresser ['heədreßə] Friseur, Friseurin

half [ha:f] Hälfte

half [ha:f] halber, halbe, halbes

half board [ha:f bo:d] Halbpension

ham [häm] Schinken

hand [händ] Hand

handkerchief ['hängkətschif] Taschentuch

happiness ['häppineß] Glück

happy ['häppi] glücklich, zufrieden

have [häw] haben

he [hi] er

head [hedd] Kopf

headache ['heddäik] Kopfweh

heal [hi:l] heilen *(AE)* natural healing ['nätschərəl 'hi:ling] Naturheilkunde

health [hellθ] Gesundheit

healthy ['hellθi] gesund

hear [hiə] <heard, heard> hören

heavy [häwi] schwer

height [hait] Höhe, Größe

hello [hellou] hallo

help [hellp] Hilfe

help [hellp] helfen

hepatitis [hepə'taitis] Hepatitis

her [hə] ihr, ihre

here [hiə] hier

herself [hə'ßellf] ≈ sich

high [hai] hoch

highchair [hai'tscheə] Hochstuhl

hike [haik] (berg)wandern

him [himm] ihn, ihm

himself [himm'ßellf] ≈ sich

his [hiß] sein, seine

hold [hould] <held, held> halten

holiday ['hallidäi] *(BE)* Urlaub, *(AE)* Feiertag *(BE)* public holiday ['pablick 'hollidäi] Feiertag

⒝**holiday cottage** ['hollidäi 'kottidsch] Ferienhaus

⒝**holidays** ['hollidäis] Ferien

homosexual ['houmǝßexschuǝl]
homosexuell
honey ['hanni] Honig
horse [hɔ:ß] Pferd
horsefly ['hɔ:ßflai] Bremse
hose [hous] Schlauch
hospital ['hoßpitl] Krankenhaus
hot [hott] heiß, scharf
hot chocolate [hott 'tschocklǝt]
Kakao, heiße Schokolade
hotel [hou'tell] Hotel
hour ['auǝ] Stunde
house [haus] Haus
house wine ['haus uain] Hauswein
human being ['hju:män 'biling]
Mensch
hunger [hang|gǝ] Hunger
hungry ['hang|gri] hungrig
hunt [hant] Jagd
hurt [höǝt] wehtun, schmerzen
husband ['hasbǝnd] Ehemann

I

I [ai] ich
ice [aiß] Eis
ice cream [aiß kri:m] Eis(krem)
ice rink [aiß rink] Eisbahn
idea [ai'diǝ] Idee
ⓑ**identity card** [ai'dentiti ka:d]
Ausweis
if [iff] ob, falls
ill [ill] krank
immediately [i'mi:djǝtli] sofort
in [in] in
indigestion [indai'dscheßtschn]
Verstopfung, Verdauungsstö-
rungen

information [infǝ'mäischn] Auskunft, Information
information desk [infǝ'mäischn
deßk] Information
injury ['indschǝri] Verletzung
inquiries [dai'recktǝri in'kuaiǝri:s]
Auskunft
insect ['inßeckt] Insekt
insect bite ['inßeckt bait] Insektenbiss
inside ['inßaid] drinnen, innen
insulin ['inßjulin] Insulin
insurance [in'schuǝrenß] Versicherung
insurance card [in'schuǝrenß
ka:d] Versichertenkarte
interesting ['intreßting] interessant
intermission [intǝ'mischn] *(im
Theater)* Pause
Internet ['intǝnett] Internet
into ['intu] rein..., hinein...
invitation [inwi'täischn] Einladung
invite [in'wait] einladen
invoice ['inwoiß] Rechnung
Ireland ['ailǝnd] Irland
Irish ['airisch] irisch
Irishman ['airischmän] Ire
Irishwoman ['airischluǝmǝn] Irin
island ['ailǝnd] Insel
it [itt] es
itch [itsch] Jucken
its [itß] ihr/ihre, sein/seine
itself [itt'ßellf] ≈ sich

J

jacket ['dschäckǝt] Jacke
jam [dschä:m] Marmelade

January ['dschänjuəri] Januar
jeans [dschi:nß] Jeans
jellyfish ['dschellifisch] Qualle
jeweller ['dschu:ələ] Juwelier
job [dschobb] Arbeit, Beruf, Aufgabe
journey [dschöəni] Fahrt, Reise
judge [dschadsch] Richter, Richterin
juice [dschu:ß] Saft
July [dschu'lai] Juli
jump [dschammp] springen
⑱**jumper** [dschammpə] Pullover
⑱**jump lead** [dschammp li:d] Starthilfekabel
June [dschu:n] Juni
just [dschaßt] gerade, eben, nur

K

keep [ki:p] <kept, kept> behalten, *(Tiere)* halten
ketchup ['kettschapp] Ketchup
key [ki:] Schlüssel
keyboard ['kibo:d] Tastatur
kilogram(me) ['kilougräm] Kilogramm
⑭**kilometer** [ki'lommitər], ⑱**kilometre** [ki'lommitə] Kilometer
kiosk ['kioßk] Kiosk
kiss [kiß] Kuss
kiss [kiß] küssen
kitchen ['kitschn] Küche
⑱**knickers** ['nickəs] Unterhose
knife [naif] Messer
know [nou] <knew, known> kennen, wissen

L

label ['läibl] Etikett
Ladies [läidies] Damentoilette
ladle ['läidl] Kelle
lady ['läidi] Dame
lake [läik] See
lamb [lä:m] Lamm
landlady ['ländläidi] Vermieterin
landlord ['ländlo:d] Vermieter
lane [läin] Spur, Straße
language ['länguidsch] Sprache
large [la:dsch] groß
last [la:ßt] letzter, letzte, letztes
late [läit] spät
later on ['läitə onn] *(in der Zukunft)* später
laugh [la:f] lachen
laundry ['lo:ndri] Wäscherei, Wäsche
lavatory ['läwətri] Toilette
lead [li:d] Leine
lead [ledd] Blei
lead [li:d] <led, led> führen
leadfree ['leddfri:] bleifrei
learn [löən] lernen
leather ['läðə] Leder
leek [li:k] Lauch
leg [legg] Bein
legal ['li:gl] legal
lemon ['lemmən] Zitrone
lemonade ['lemmənäid] Limonade
length [lengθ] Länge
lens [lennß] Linse
lentil ['lentill] *(Hülsenfrucht)* Linse
lesbian ['lesbiən] lesbisch
less [leß] weniger

lesson ['leßən] Unterrichtsstunde, Unterricht **lessons** ['leßəns] Unterricht

letter ['lettə] Brief, Buchstabe

lettuce ['lettiß] Salat(kopf)

lice [laiß] Läuse

lie [lai] <lay, lain> liegen

lie [lai] <lied, lied> lügen

life [laif] Leben

®**lift** [lift] Aufzug

lift [lift] heben

lift off [lift off] abheben

light [lait] Licht

light [lait] leicht, mit geringem Fettgehalt, kalorienarm

like [laik] mögen

like [laik] wie

line [lain] Leine, Zeile, *(AE)* Menschenschlange

lip [lipp] Lippe

lipstick ['lippßtick] Lippenstift

liquor ['lickə] Schnaps, Likör

listen ['lißən] *(zuhören)* zuhören **listen to sth** ['lißən tu] etw. anhören **listen to sb** ['lißən tu] auf jdn hören

®**liter** ['litər], ®**litre** ['litə] Liter

little ['littl] wenig

live [liw] leben, wohnen

liver ['liwə] Leber

living room ['liwing ru:m] Wohnzimmer

load [loud] laden

loaf [louf] Brot(laib)

location [lo'käischn] Gegend, Ort

lock [lock] Schloss

locked [lockd] zu, verschlossen

locker ['lockə] Schließfach

long [lɔng] lang, lange

look [luck] aussehen, sehen

look for [luck fɔ:] suchen

look forward to ... [luck fɔ:u̯ɔ:d tu] sich auf ... freuen, sich darauf freuen, ... zu ...

®**lorry** ['lorri] Lastwagen, Lkw

lose [lu:s] <lost, lost> verlieren

lot [lott] **a lot** [ə lott] viel

lotion ['lou̯schn] Lotion

loud [lau̯d] laut

love [law] Liebe

love [law] lieben

low [lou̯] tief

luck [lack] *(zufallsbedingt)* Glück

lucky ['lacki] *(zufallsbedingt)* glücklich

luggage ['lagidsch] Gepäck

lunch [lantsch] Mittagessen

lung [lang] Lunge

M

machine [mə'schi:n] Maschine

magazine ['mägəsinn] Zeitschrift

maiden name ['mäidn näim] Mädchenname

main course [main kɔ:ß] Hauptspeise

mainland ['mäinländ] Festland

make [mäik] <made, made> machen

male [mäil] männlich

man [mä:n] Mann

many ['männi] viele

map [mäpp] Karte

March [ma:tsch] März

marital status ['märittl ßtäitəß] Familienstand

market ['maːkitt] Markt

marmelade ['maːmǝläid] *(aus Zitrusfrüchten)* Marmelade

marriage ['märridsch] Ehe

married ['märrid] verheiratet

married couple ['märrid 'kappl] Ehepaar

marry ['märri] heiraten

masculine ['mäskjulinn] männlich, maskulin

massage [mä'ßaːsch] Massage

mat [mätt] Matte

matt [mätt] *(nicht glänzend)* matt

may [mäi] dürfen

May [mäi] Mai

mayonnaise ['mäijonäis] Mayonnaise

me [mi] mir, mich

meadow ['meddou] Wiese

meal [miːl] Mahlzeit ready meal ['reddi miːl] Fertiggericht

mean [miːn] gemein

mean [miːn] <meant, meant> bedeuten

measles ['miːsls] Masern

measure ['meschǝ] Maß

measurement ['meschǝment] Maß

meat [miːt] Fleisch continental meat [konntinentl miːt] Wurstaufschnitt

medication [medi'käischn] Medizin, Medikamente

medicine ['medßin] Medizin

meet [miːt] <met, met> (sich) treffen

melon ['mellǝn] Melone

membership card ['memǝbschip kaːd] Mitgliedsausweis

men's room [mennß ruːm] Herrentoilette

menstruation [menßtru'äischn] Menstruation

menu ['mennju] Speisekarte

message ['messidsch] Nachricht

metal ['mettl] Metal

Ⓐ**meter** ['miːtǝr], Ⓑ**metre** ['miːtǝ] Meter

microwave ['maikrou|uäiw] Mikrowelle

midday ['mid|däi] at midday [ätt 'mid|däi] mittags

middle ['midl] Mitte

midnight [midnait] Mitternacht

migraine ['maigräin] Migräne

mild [maild] mild

military ['milǝtri] Militär

military ['milǝtri] militärisch

milk [milk] Milch

minus ['mainǝß] minus

minute ['minnit] Minute

mirror ['mirǝ] Spiegel

mistake [miß'täik] Fehler

mix [mix] mischen

mobile (phone) ['moubail (foun)] Handy

moment ['moument] Moment

Monday ['manndäi] Montag

money ['manni] Geld

month [mannθ] Monat

moon [muːn] Mond

more [mɔː] mehr

morning ['mɔːning] Morgen, Vormittag in the mornings [in ðǝ 'mɔːnings] morgens, vormittags

moskito [mɔß'kitou] Moskito

moskito net [mɔß'kitoʊ nett] Moskitonetz

mosque [mɔsk] Moschee

mother ['maðə] Mutter

mother-in-law ['maðə in lɔː] Schwiegermutter

motorbike ['moʊtəbaik] Motorrad

Ⓑ**motorway** ['moʊtəlu̱ai] Autobahn

mountain ['ma̱untin] Berg mountains ['ma̱untins] Gebirge

mouth [ma̱uθ] Mund

move [muːw] (sich) bewegen, umziehen

Ⓐ**movies** [muwiːs] Kino

Mr. ['mißtə] Herr

Mrs. ['mißis] Frau

Ms. [mis] *(Anrede für ledige Frau)* Frau

mug [magg] *(große Henkeltasse)* Tasse

mug [mugg] überfallen

mushroom [maschruːm] Pilz

music ['mjusick] Musik

Muslim ['muslǝm] muslimisch

mustard ['maßtaːd] Senf

my [mai] mein, meine

myself [mai'ßellf] ≈ mich

N

nail [näil] Nagel

nail clippers [näil 'klippǝs] Nagelknipser

Ⓐ**nail polish** [näil 'pallisch] Nagellack

Ⓑ**nail varnish** [näil 'waːnisch] Nagellack

name [näim] Name

napkin ['näppkinn] Serviette

Ⓑ**nappy** ['näppi] Windel

narrow ['närroʊ] schmal, eng

nationality [näschǝ'näliti] Nationalität, Staatsangehörigkeit

natural food ['nätschǝrǝl fuːd] Vollwertkost

nature ['näitschǝ] Natur

Ⓑ**naturopathy** [näitschǝ'ropǝθi] Naturheilkunde

nausea ['nɔːsiǝ] Übelkeit

near [niǝ] bei, nah

necessary ['neßǝßǝri] nötig

neck [neck] Hals

need [niːd] brauchen

net [nett] Netz

never ['newǝ] nie

new [njuː] neu

newspaper ['njuːßpäipǝ] Zeitung

New Zealand [njuː 'siːlend] Neuseeland

next [next] nächster, nächste, nächstes next to [next tu] bei, neben

nice [naiß] nett

nickname ['nicknäim] Spitzname

night [nait] Nacht at night [ätt nait] nachts

no [noʊ] nein, kein, keine

noisy ['nɔisi] laut, geräuschvoll

non-smoker [nonn ßmoʊkǝ] Nichtraucher, Nichtraucherin

noon [nuːn] Mittag at noon [ätt nuːn] mittags

normal ['nɔːml] normal

north [nɔːθ] Norden

nose [noʊs] Nase

not [nott] nicht

note [no̯ut] Notiz, Geldschein
nothing ['naθing] nichts
November [no̯u'wemmbə] November
now [na̯u] jetzt
number ['nambə] Nummer, Zahl
nurse [nöaß] Krankenschwester, Krankenpfleger
nut [natt] Nuss

O

oar [ɔː] Ruder
occupied ['ockjupa̯id] besetzt
ocean ['o̯uschn] Ozean
October [ock'to̯ubə] Oktober
off [off] *(Gerät)* aus, *(Milch, Fleisch)* schlecht
offer ['offə] Angebot **special offer** ['speschl 'offə] Sonderangebot
offer ['offə] anbieten
office [offiß] Büro
often ['offtn] oft
oil [o̯il] Öl
old [o̯uld] alt
on [onn] *(in Funktionsmodus)* an, *(Lage oder Position, Richtung)* auf
once [u̯annß] einmal
one [u̯ann] ein/eine, man
onion ['anjən] Zwiebel
only ['o̯unli] nur
onto ['onntu] auf
open ['o̯upən] offen
open ['o̯upən] öffnen
opera ['oppəra] Oper
operator ['oppərä̯itə] Auskunft, Vermittlung
opinion [ə'pinnjən] Meinung

optician [opt'ischn] Optiker, Optikerin
or [ɔː] oder
orange ['arrinndsch] Orange
order ['ɔːdə] Ordnung, Reihenfolge, Bestellung
order ['ɔːdə] bestellen
organic [ɔː'gännick] Bio..., aus biologisch-dynamischem Anbau
other ['aðə] anderer, andere, anderes
ought to [ɔːt tu] sollen
our ['a̯uə] unser, unsere
ourselves [a̯uə'ßellws] ≈ uns
outside ['a̯utßa̯id] draußen
oven ['awn] Ofen
over ['o̯uwə] über
own [o̯un] besitzen
own [o̯un] eigener, eigene, eigenes
oxygen tank ['oxidschin tänk] Sauerstoffflasche

P

Ⓐ**pacifier** ['päßifa̯iər] Schnuller
pack [päck] (ein)packen
package ['päckidsch] Paket, Päckchen
packet ['päckett] Packung, Päckchen
Ⓑ**paddling pool** ['päddling puːl] Plantschbecken
page [pä̯idsch] Seite
pain [pä̯in] Schmerz
painful ['pä̯infull] schmerzhaft
painkiller ['pä̯inkillə] Schmerzmittel
painting ['pä̯inting] Gemälde

219

pair (of) [peə (off)] Paar
palace ['pälliß] Palast, Schloss
pants [päntß] Hose
panty liner ['pänti 'lainə] Slipeinlage
paper ['paipə] Papier
paragliding ['päragglaiding] Gleitschirmfliegen
parcel ['pa:ßl] Paket
parents ['pərents] Eltern
park [pa:k] Park
park [pa:k] parken
parliament ['paləmənt] Parlament
part [pa:t] Teil, Rolle
partner ['pa:tnə] Partner, Partnerin
part-time [pa:t|taim] Teilzeit...
Party ['pa:ti] Party
passport ['pa:ßpɔ:t] Reisepass
pasta ['päßtə] Nudeln
Ⓐpastry shop ['päißtri schap]
  Konditorei
patient ['päischnt] Patient, Patientin
Ⓑpatisserie [pə'tißəri:] Konditorei
pay [päi] <paid, paid> (be)zahlen
payment [päiment] Zahlung
pear [peə] Birne
pedal ['peddl] Pedal
pencil ['pennßl] Bleistift
pencil sharpener ['pennßl
  'scha:pənə] Anspitzer
penis ['pi:niß] Penis
people ['pi:pl] Leute
pepper ['peppə] Pfeffer
per cent [pə ßent] Prozent
perfume ['pöəfju:m] Parfum

perhaps [pə'häppß] vielleicht
person ['pöəßn] Mensch, Person
pet [pett] Haustier
Ⓑpetrol station ['petrəl
  'ßtäischn] Tankstelle
pharmacy ['fa:məßi] Apotheke
phone [foun] anrufen
Ⓐphone booth [foun bu:θ] Telefonzelle
phonecard [foun ka:d] Telefonkarte
photo ['foutou] Foto
pick [pick] sich aussuchen
pick up [pick app] (Koffer, Person)
  abholen, (vom Boden) aufheben
picture ['picktschə] Bild
pie [pai] gedeckter Kuchen
piece [pi:ß] Stück
pig [pigg] Schwein
pill [pill] Pille
pillow ['pillou] Kissen
pillow case ['pillou käiß]
  Kissenbezug
pink [pink] rosa
pipe [paip] Pfeife
pizza ['pi:tßa] Pizza
place [pläiß] Ort, Platz, Haus,
  Wohnung
plan [plän] Plan
plane [pläin] Flugzeug
plant [pla:nt] Pflanze
plant [pla:nt] pflanzen
plastic ['pläßtick] Plastik
plate [pläit] Teller
platform ['plättfɔ:m] Bahnsteig,
  Gleis
platter ['plättə] Platte
play [plai] Theaterstück

play [pläi] spielen
please [pliːs] bitte
please sb [pliːs] jdm gefallen
pliers ['plaiəs] Zange
plus [plaß] plus
pocket ['pockət] Tasche
pocket calculator ['pockət 'kälkjuläitə] Taschenrechner
pocket knife ['pockət knaif] Taschenmesser
point [point] Punkt, Spitze
police [pə'liːß] Polizei
police station [pə'liːß 'ßtäischn] Polizeiwache
political party [pə'litikl 'paːti] Partei
pollen [' pollən] Pollen
poor [puə] arm
pork [pɔːk] Schweinefleisch
possible ['poßibl] möglich
post [poußt] Post
postage ['poußtidsch] Porto
postcard ['poußtkaːd] Postkarte
ⒷⒺ**postcode** ['poußtkoud] Postleitzahl
post office [poußt 'offiß] Post
pot [pott] Topf
potato [pou'täitou] Kartoffel
pottery ['pottəri] Töpferwaren
pound [paund] *(Gewicht: brit. Pfund: ≈454 g, Währung)* Pfund
poultry ['poultri] Geflügel
ⒷⒺ**pram** [präm] Kinderwagen
prawn [prɔːn] Krabbe
prefer [pri'föə] <preferred, preferred> vorziehen
pregnant ['pregnent] schwanger
present ['presnt] Geschenk

price [praiß] Preis
printer ['printə] Drucker
print-out [prinnt aut] Ausdruck
print out [prinnt aut] ausdrucken
prison ['prisən] Gefängnis
problem ['probləm] Problem
program(me) ['prougräm] Programm
prohibited [pro|hibitəd] verboten
protect [prouteckt] schützen
protest [prouteßt] protestieren
pub [pabb] Kneipe
public ['pabblick] öffentlich
ⒶⒺ**pullover** ['pullouwər] Pullover
pump [pamp] Pumpe
punctual ['panktschuəl] pünktlich
pure [pjuə] rein
purple ['pöapl] lila
push [pusch] drücken
ⒷⒺ**pushchair** ['pusch tscheə] Kinderwagen, Buggy
put [putt] <put, put> legen, stellen, setzen

Q

quality ['kualiti] Qualität
quarantine ['kuarenti:n] Quarantäne
quarter ['kuɔːtə] Viertel
quarter ['kuɔːtə] viertel
question ['kueßtschn] Frage
ⒷⒺ**queue** [kjuː] Menschenschlange
quick [kuick] schnell
quiet ['kuaiət] leise, ruhig

R

rabies ['räibiːs] Tollwut
race track [räiß träck] Rennbahn

221

rack [räck] Regal
racket ['räckət] Schläger
radio ['räidjou] Radio
railway ['räilwäi] Bahn
rain [räin] Regen
rain [räin] regnen
raincoat ['räinkout] Regenmantel
ramp [rämp] Rampe
range [räindsch] Angebot, Auswahl, Herd
rape [räip] Vergewaltigung
rape [räip] vergewaltigen
rare [reə] *(ungewöhnlich)* selten
rarely ['reəli] *(nicht oft)* selten
rash [räsch] Ausschlag
raspberry ['ra:ßberri] Himbeere
rat [rätt] Ratte
raw [rɔ:] roh
razor blade ['räisə bläid] Rasierklinge
read [ri:d] <read, read> lesen
ready ['reddi] fertig
realistic [ri:ə'lißtick] realistisch
receipt [ri'ßi:t] Quittung
receive [ri'ßi:w] bekommen
recipe ['reßəpi] Rezept
recipient [ri'ßippjent] Empfänger, Empfängerin
recommend [reckə'mend] empfehlen
recycle [ri'ßaikl] recyceln
red [redd] rot
reduction [ri'dacktschn] Ermäßigung, Reduzierung
refridgerator [ri'fridschəräitə] Kühlschrank
㊻**refuse** ['refju:s] Müll
refuse [ri'fju:s] ablehnen

reins [räins] Zügel
relax [ri'läx] entspannen
religion [ri'lidschən] Religion
remember [ri'membə] behalten
rent [rent] Miete
rent [rent] mieten
repair [ri'peə] Reparatur
repair [ri'peə] reparieren
reply [ri'plai] Antwort
reply [ri'plai] antworten
request [ri'kueßt] Bitte
reservation [resə'wäitschn] Reservat, Reservierung
reservation number [resə'wäischn 'nambə] Reservierungsnummer
restaurant ['reßtəronnt] Restaurant
return [ri'töən] zurückgeben, zurückkehren
rice [raiß] Reis
rich [ritsch] reich
ride [raid] <rode, ridden> Fahrt, Ritt
ride [raid] fahren, reiten
right [rait] richtig
rise [rais] <rose, risen> steigen, ansteigen, aufgehen
river ['riwə] Fluss
road [roud] Straße
rob [robb] rauben
rock [rock] Fels
romantic ['roumäntick] romantisch
roof [ru:f] Dach
room [ru:m] Raum, Zimmer
room number [ru:m 'nambə] Zimmernummer
rope [roup] Seil

rose [rous] Rose
rosé wine [rouse: uain] Rosé
rotten ['rottn] schlecht, verrottet
round [raund] rund
route [ru:t] Route
rucksack ['rackßäck] Rucksack
rug [ragg] Teppich
ruin ['ru:inn] Ruine, Ruin
run [rann] <ran, run> laufen, rennen
rust [raßt] Rost

S

saddle ['ßäddl] Sattel
safe [ßäif] Safe
safe [ßäif] sicher
safety belt ['ßäifti bellt] Sicherheitsgurt
salad ['ßäləd] Salat
salt [ßɔ:lt] Salz
salty [ßɔ:lti] salzig
same [ßäim] gleich
sand [ßänd] Sand
sandal ['ßändl] Sandale
Ⓐ**sanitary napkin** ['ßäni'teri 'näppkin] Damenbinde
Ⓑ**sanitary towel** ['ßänitəri 'taulual] Damenbinde
Saturday ['ßätədäi] Samstag
sauce [ßɔ:ß] Soße
saucepan ['ßɔ:ßpän] Kochtopf
saucer ['ßɔ:ßə] Untertasse
sauna ['ßɔ:nə] Sauna
sausage ['ßoßidsch] Wurst
save [ßäiw] retten **save money** [ßäiw 'manni] sparen
scale [ßkäil] *(vom Fisch)* Schuppe
scales [ßkäils] Waage

scarf [ßka:f] Schal
school [ßku:l] Schule
scissors ['ßisəs] Schere
Scot [ßkott] Schotte, Schottin
Scotland ['ßkottlend] Schottland
Scottish ['ßkottisch] schottisch
scream [ßkri:m] schreien
scuba dive ['ßkubə daiw] <scuba dove, scuba dived> *(mit Sauerstoffflasche etc.)* tauchen
scuba equipment ['ßkubə i'kuippment] Taucherausrüstung
sculpture ['ßkalptschə] Skulptur
sea [ßi:] Meer
seafood ['ßi:fu:d] Meeresfrüchte
seasick [' ßi:ßick] seekrank
season ['ßi:sn] Jahreszeit
seat [ßi:t] Platz, Sitz
second ['ßeckend] Sekunde
see [ßi:] <saw, seen> sehen
seem [ßi:m] scheinen
self-service [ßellf 'ßöəwiß] Selbstbedienung
send [ßend] <sent, sent> senden, schicken
sender ['ßendə] Absender, Absenderin
senior citizen ['ßi:niə 'ßitisn] Rentner
sentence ['ßentenß] Satz, Gerichtsurteil
September [ßep'temmbə] September
set lunch [sett lantsch] Mittagsmenü
set menu [ßett 'mennju] Menü
sew [ßou] <sewd, sewn> nähen
sex [ßex] Sex

shampoo [schäm'poo] Shampoo
sharp [scha:p] scharf
shave [schäiw] rasieren
shaver ['schäiwə] Rasierer
shaving foam ['schäiwing foum] Rasierschaum
she [schi] sie
sheet [schi:t] Bettlaken
shine [schain] scheinen, glänzen
ship [schipp] Schiff
shirt [schöat] Hemd
shoe [schu:] Schuh
shoelace ['schu:läiß] Schnürsenkel
ⓑⒺ**shoe shop** [schu: schopp] Schuhgeschäft
ⒶⒺ**shoe store** [schu: ßtɔr] Schuhgeschäft
shop [schopp] Geschäft, Laden
shop [schopp] einkaufen
ⒶⒺ**shopping center** ['schopping ßentər], ⓑⒺ**shopping centre** ['schopping ßentə] Einkaufszentrum
short [schɔ:t] kurz
shoulder ['schouldə] Schulter
shout [schaut] rufen
show [schou] Show
shower ['schauə] Dusche
shuttle service ['schatl 'söəwiß] Abholdienst, der den Reisenden zum Hotel bringt, Ersatzfahrdienst, wenn ein bestimmtes öffentliches Verkehrsmittel nicht fahren kann
shy [schai] schüchtern
side [ßaid] Seite
sightseeing tour ['ßaitßi:ling tuə] Stadtrundfahrt

sign [ßain] Schild
sign [ßain] unterschreiben
signature ['ßignätschə] Unterschrift
signpost [ßainpoußt] Wegweiser
silk [ßilk] Seide
silver ['ßilvə] Silber
since [ßinnß] seit, da
sing [ßing] <sang, sung> singen
single ['ßinglgl] ledig
single room ['ßinglgl ru:m] Einzelzimmer
sister ['ßißtə] Schwester
sit [ßitt] <sat, sat> sitzen
size [ßais] Größe, Kleidergröße
skateboard ['ßkäitbɔ:d] Skateboard
ski [ßki:] Ski
ski boot [ßki: bu:t] Skischuh
skid [ßkidd] rutschen
ski-lift [ßki: lift] Skilift
ski pass [ßki: pa:ß] Skipass
ⒶⒺ**ski pole** [ßki: poul] Skistock
skirt [ßköat] Rock
ⓑⒺ**ski stick** [ßki: ßtick] Skistock
sleep [ßli:p] <slept, slept> schlafen
slice [ßlaiß] Scheibe, Stück
slice [ßlaiß] in Scheiben schneiden
slide [ßlaid] <slid, slid> rutschen
slim [ßlimm] schlank
slip [ßlipp] ausrutschen, rutschen
slip road [ßlipp roud] Autobahnauffahrt
slow(ly) [ßlou(li)] langsam
slug [slagg] Schnecke
small [ßmɔ:l] klein
smell [ßmell] riechen

smile [ßmaɪl] lächeln

smoke [ßmoʊk] rauchen

smoker ['ßmoʊkə] Raucher, Raucherin

smoking compartment ['ßmoʊking komm'paːtment] Raucher, Raucherin

snail [ßnäɪl] Schnecke

snake [ßnäɪk] Schlange

snorkel ['ßnɔːkl] Schnorchel

snorkel ['ßnɔːkl] schnorcheln

snow ['ßnoʊ] Schnee

snowboard ['ßnoʊbɔːd] Snowboard

so [ßoʊ] so

soap [ßoʊp] Seife

soccer ['ßockə] Fußball

sock [ßock] Socke

sofa ['ßoʊfə] Sofa

soldier ['ßoʊldschə] Soldat, Soldatin

solution [ßə'luːschn] Lösung

some [ßamm] einige, irgendwelche

somebody ['ßammbädi] jemand

sometimes ['ßammtaɪms] manchmal

son [ßann] Sohn

song [ßong] Lied

soon [ßuːn] bald

sort code [ßɔːt koʊd] Bankleitzahl

soup [ßuːp] Suppe

soup spoon [ßuːp ßpuːn] Suppenlöffel

sour ['ßaʊə] sauer

south [ßaʊθ] Süden

souvenir ['ßuwəniə] Souvenir

ⓑ soya bean ['ßɔijə biːn] Sojabohne

ⓑ soya milk ['ßɔijə milk] Sojamilch

ⓐ soybean ['ßɔibiːn] Sojabohne

ⓐ soymilk ['ßɔijmilk] Sojamilch

space [ßpäɪß] Platz, Raum

spare time [ßpeə taɪm] Freizeit

spark plug [ßpaːk plagg] Zündkerze

speak [spiːk] <spoke, spoken> sprechen

speeding ['ßpiːding] Geschwindigkeitsübertretung, Zuschnellfahren

specialist ['ßpeschəlißt] Spezialist, Spezialistin

speciality [ßpeschi'äləti] Spezialität

spell [ßpell] <spelt, spelt> buchstabieren

spider ['ßpaɪdə] Spinne

spinach ['ßpinidsch] Spinat

spirits ['ßpiritß] Spirituosen

split [ßplitt] <split, split> (aufsplitten) teilen

spoon [ßpuːn] Löffel

sport [ßpɔːt] Sport

spring [ßpring] Frühling

square [ßkueə] Platz

ⓐ square meter [ßkuer 'miːtər], ⓑ square metre [ßkueə 'miːteə] Quadratmeter

stab [ßtäb] stechen

stadium ['ßtäɪdiəm] Stadion

stairs [ßteəs] Treppe

stamp [ßtämp] Briefmarke

stand [ßtänd] <stood, stood>
stehen

start [ßta:t] anfangen

Ⓔ**starter** ['sta:tə] Vorspeise

station ['ßtäischn] Bahnhof

statue ['ßtätju:] Statue

stay [ßtäi] Aufenthalt

stay [ßtäi] bleiben

steal [ßti:l] <stole, stolen> stehlen

steep [ßti:p] steil

steer [ßtiə] lenken

still [ßtill] noch

sting [ßting] <stang, stung>
stechen

stirrup ['ßtirəp] Steigbügel

stocking ['ßtocking] Strumpf

stomach ['ßtamək] Magen

stone [ßtoun] Stein

stop [ßtopp] aufhören

storm [ßtɔ:m] Sturm

stove [ßtouw] *(BE)* Ofen, *(AE)*
Herd

straight [ßträit] gerade straight
ahead [ßträit ə'hedd] geradeaus

straightaway [ßträitə'uäi] gleich

strawberry ['ßtrɔ:berri] Erdbeere

street [ßtri:t] Straße

Ⓐ**streetcar** ['ßtri:tkar] Straßenbahn

strip [stripp] Streifen

stripe [ßtraip] Streifen

Ⓐ**stroller** ['ßrollər] Kinderwagen

strong [ßtronng] stark

student ['ßtu:dnt] Student, Studentin

suburb ['ßaböəb] Vorort

Ⓐ**subway** ['ßabbuäi] U-Bahn

sugar ['schuggə] Zucker

sugar-free ['schuggə fri:] zuckerfrei

suit [ßu:t] Anzug

suitable ['ßu:tibl] geeignet

suitcase ['ßu:tkäiß] Koffer

summer ['ßammə] Sommer

sun [ßann] Sonne

sunburn [' ßannböən] Sonnenbrand

Sunday ['ßanndäi] Sonntag

sunny ['ßanni] sonnig

sunset ['ßannßett] Sonnenuntergang

sunstroke ['ßannßtrouk] Sonnenstich

supermarket ['su:pəma:kət]
Supermarkt

Ⓐ**supper** ['sapər] Abendessen

surgery ['ßöadschri] Praxis

surname ['ßöanäim] Familienname, Nachname

surprise ['ßöəprais] überraschen

sweat [ßuett] schwitzen

Ⓔ**sweater** ['ßwettə] Pullover

sweet [ßui:t] süß

sweetener ['ßui:tənə] Süßstoff

swim ['ßuimm] <swam, swum>
schwimmen

swimming pool ['ßuimming pu:l]
Schwimmbad

Swiss [ßuiß] Schweizer,
Schweizerin

Swiss [ßuiß] Schweizer

Swiss German [ßuiß 'dschöamen]
schweizerdeutsch

Switzerland ['ßuitßəlend]
Schweiz

syringe [ßi'rindsch] Spritze

T

table ['täibl] Tisch

table tennis ['täibl 'tenniß] Tischtennis

tailor ['täilə] Schneider, Schneiderin

take [täik] <took, taken> nehmen,
bringen

take along [täik ə'long] <took
along, taken along> mitnehmen

take off [täik off] <took off, taken
off> abfliegen

tall [tɔːl] groß, hoch

tampon ['tämponn] Tampon

tanga ['tängə] Tanga

tap [täpp] Wasserhahn

taste [täißt] Geschmack

taste [täißt] schmecken

tasty ['täißti] lecker

taxi ['täxi] Taxi

taxi driver ['täxi 'dräi'wə] Taxifahrer, Taxifahrerin

tea [tiː] Tee

teach [tiːtsch] <taught, taught>
unterrichten

teaspoon ['tiːspuːn] Teelöffel

technique [tek'niːk] Technik

technology [tek'nollədschi] Technik, Technologie

telephone ['tellifoun] Telefon

telephone book ['tellifoun buck]
Telefonbuch

ⒶⒺ**telephone booth** ['tellifoun
buːθ] Telefonzelle

ⒷⒺ**telephone box** ['tellifoun box]
Telefonzelle

telephone number ['tellifoun
'nambə] Telefonnummer

tell [tell] <told, told> erzählen

temperature ['temprətschə] Tem-
peratur, Fieber

temple ['templ] Tempel, Schläfe

tennis court ['tenniß kɔːt] Tennisplatz

tent [tent] Zelt

tetanus ['tettənəß] Tetanus

than [ðän] als

thank [θänk] danken **thank you**
[θänk ju] danke

thanks [θänks] Dank

that [ðätt] der/die/das, dieser/
diese/dieses, dass

the [ðə] der, die, das

ⒶⒺ**theater** [θi'etər], ⒷⒺ**theatre**
[θi'etə] Theater

their [ðeə] ihr, ihre

them [ðəm] ihnen, sie

themselves [ðəm'ßellws] ≈ sich

then [ðenn] dann

there [ðeə] da, dort

therefore ['ðeəfɔː] also,
deswegen

they [ðäi] sie

thick [θick] dick

thing [θing] Ding

think [θink] denken, meinen

third [θöäd] Drittel

thirst [θöäßt] Durst

thirsty [θöäßti] durstig

this [ðiß] dies, dieser/diese/
dieses

throat [θrout] Hals, Kehle

through [θruː] durch

thumb [θamm] Daumen

Thursday ['θöạsdäi] Donnerstag

ticket ['tickət] Fahrkarte, Ticket

time [taim] Zeit, Uhrzeit

timetable ['taimtäibl] Fahrplan, Stundenplan

tin [tinn] Dose, Zinn

⑱**tinned** [tinnd] in der Dose
tinned tomatoes [tinnd tə'ma:toụß] Tomaten in der Dose

tip [tipp] Trinkgeld, Spitze

⑭**tire** ['taịrə] Reifen

tired ['täịəd] müde

tissue ['tischju:] Tuch, Taschentuch

title ['taitl] Titel

to [tu] zu, nach, für, an, *(in Uhrzeiten)* vor

tobacco [tə'bäckoụ] Tabak

today [tu'däi] heute

toe [toụ] Zeh

tofu ['toụfu] Tofu

together [tu'geðə] zusammen

toilet ['toịlet] Toilette

toilet paper ['toịlet 'päipə] Toilettenpapier

tomato [tə'ma:toụ] Tomate

tomorrow [tu'morroụ] morgen

too [tu:] *(vor dem Adjektiv)* zu, *(am Satzende)* auch

tooth [tu:θ] Zahn

toothbrush ['tu:θbrasch] Zahnbürste

toothpaste [tu:θpäißt] Zahnpasta

toothpick ['tuθpick] Zahnstocher

tourist information ['turißt infə'mäischn] Fremdenverkehrsbüro, Touristeninformation

towel [taụlụəl] Handtuch

tower ['taụə] Turm

town [taụn] Stadt

⑭**town center** [taụn 'ßentər], ⑱**town centre** [taụn 'ßentə] Stadtzentrum

town wall [taụn ụɔ:l] Stadtmauer

track [träck] Gleis, Spur

trade fair [träid feə] Messe

traffic ['träffick] Verkehr

traffic light ['träffick lait] Ampel

trail [träil] Weg, Pfad

train [träin] Zug, Bahn

⑱**tram** [träm] Straßenbahn

transfer [tranß'föə] überweisen

transport ['tranßpɔ:t] Transport

trash [träsch] Müll

travel ['träwl] reisen

travel agency ['träwl 'äidschənßi] Reisebüro

travel guide ['träwl gaid] Reiseführer, Reiseführerin

⑭**traveller's check** ['träwələrs tscheck], ⑱**traveller's cheque** ['träwələs tscheck] Reisescheck

tree [tri:] Baum

trousers ['traụsəs] Hose

⑭**truck** [track] Lastwagen, Transporter

true [tru:] wahr

try [trai] <tried, tried> probieren, versuchen

tube [tju:b] Schlauch the Tube [ðə tju:b] die Londoner U-Bahn

Tuesday ['tju:ßdäi] Dienstag

turn [töạn] drehen

turn off [töạn off] ausmachen

TV [ti:l'wi:] Fernsehen

⑱**tyre** ['taịə] Reifen

U

umbrella [am'brellː] Regenschirm

uncle ['aŋ|kl] Onkel

under ['undə] unter

Ⓑ**underground** ['andəgraund] U-Bahn

Ⓐ**underpants** ['andərpäntß] Unterhose

understand [andə'ßtänd] <understood, understood> verstehen

unfortunately [an'fɔːtschənətli] leider

unleaded [an'leddəd] bleifrei

until [an'till] bis

urgent ['öädschent] eilig, dringend

USB cable [juleß|'biː 'käibl] USB-Kabel

use [juːs] benutzen

usually ['juːschuəli] meist

V

Ⓐ**vacation** [wäi'käischn] Ferien, Urlaub

Ⓐ**vacation cottage** [wäi'käischn 'katidsch] Ferienhaus

vagina [wä'dschainə] Vagina

valid ['wälidd] gültig

valley ['wälli] Tal

valuable ['wäljuəbl] wertvoll

valuables ['wäljuəbls] Wertsachen

value ['uälljuː] Wert good value [gudd 'uälljuː] preiswert

vat [wätt] Fass

VAT [wiː'|äi|'tiː] Mehrwertsteuer

vegetable ['wedschtəbl] Gemüse

vegetarian [wedschi'teəriən] Vegetarier, Vegegarierin

vegetarian [wedschi'teəriən] vegetarisch

vending machine ['wennding mä'schiːn] Automat

very ['weri] sehr

vest [weßt] Unterhemd

village ['willidsch] Dorf

vinegar ['winnegə] Essig

visa ['wißə] Visum

visit ['wisitt] besuchen, besichtigen

voice [woiß] Stimme

W

Ⓐ**wading pool** ['uäiding puːl] Plantschbecken

wait [uait] warten

waiter ['uäitə] Kellner

waiting room ['uaiting ruːm] Wartezimmer

waitress ['uäitreß] Kellnerin

Wales [uäils] Wales

walk [uɔːk] Spaziergang

walk [uɔːk] gehen, laufen

wall [uɔːl] Wand, Mauer

want [uonnt] wollen

war [uɔː] Krieg

Ⓑ**wardrobe** ['uɔːdroub] Kleiderschrank

warm [uɔːm] warm

warn [uɔːn] warnen

wash ['uosch] waschen

washing machine ['uosching mä'schiːn] Waschmaschine

watch [uottsch] Armbanduhr

watch [uottsch] (an)sehen Watch out! [uottsch aut] Achtung!

watch TV [ụottsch ti:l'wi:] fernsehen

water ['wɔ:tə] Wasser

waterfall ['wɔ:təfɔ:l] Wasserfall

waterproof ['wɔ:təpru:f] wasserdicht

®**waterproofs** ['ɔ:təpru:fß] Regenzeug

way [ụäi] Weg

we [ụi:] wir

weak [ụi:k] schwach

Wednesday ['ụennßdäi] Mittwoch

week [ụi:k] Woche

weekend [ụi:klend] Wochenende

weight [ụäit] Gewicht

well [ụell] gut

Welsh [ụellsch] walisisch

west [ụeßt] Westen

what [ụott] was

wheel [ụi:l] Rad, Lenkrad

wheelchair [ụi:ltscheə] Rollstuhl

when [ụenn] wann, als, wenn

where [ụeə] wo

whistle ['ụißle] Pfeife

white [ụait] weiß

who [hu:] wer

whole [hɔụl] ganz

wholefood ['hɔụlfu:d] Vollwertkost

whose [hu:s] wessen

why [ụai] warum

wide [ụaid] breit

widowed ['ụidoụd] verwitwet

width [ụidθ] Breite

wife [ụaif] Ehefrau

wind [ụind] Wind

window ['ụindoụ] Fenster

windshield ['ụindschi:ld] Windschutzscheibe

windy ['ụindi] windig

wine [ụain] Wein **red wine** [redd ụain] Rotwein **sparkling wine** ['ßpa:kling ụain] Sekt **white wine** [ụait ụain] Weißwein

winter ['ụintə] Winter

with [ụiθ] mit

withdraw [ụiθdrɔ:] <withdrew, withdrawn> abheben, (sich) zurückziehen

within [ụiθ'in] innerhalb

without [ụið'aụt] ohne, außerhalb

woman ['ụọmən] Frau

wonderful ['ụanndəfəl] wunderbar

word [ụö:d] Wort

work [ụöək] Arbeit

work [ụöək] arbeiten, gehen, funktionieren

work permit [ụöək pöəmit] Arbeitserlaubnis

wrap [räpp] einpacken, einwickeln

write [rait] <wrote, written> schreiben **in writing** [in raiting] schriftlich

wrong [ronng] falsch

Y

year [jiə] Jahr

yellow ['jelloụ] gelb

yes [jeß] ja

yesterday ['jeßterdäi] gestern

yogurt ['joggət] Jogurt

you [ju] du/dich/dir, ihr/euch, Sie/Ihnen, man

young [jang] jung
your [jɔː] dein/deine, euer/eure, Ihr/Ihre
yourself [jɔːˈßellf] ≈ dich
yourselves [jɔːˈßellws] ≈ euch
youth hostel [juːθ ˈhoßtl] Jugendherberge

Z

zip [sipp ko͜ud] Reißverschluss
Ⓐ**zip code** [sipp ko͜ud] Postleitzahl
zipper [ˈsippər] Reißverschluss
zoo [suː] Zoo

Alles gepackt?

Gesundheit

Verbandszeug
Blasenpflaster
Tabletten (Schmerztabletten, Kohletabletten …)
Andere wichtige Medikamente
Sonnenschutzmittel
Insektenschutzmittel
Ersatzbrille
Kontaktlinsen, Linsenflüssigkeit usw.
Sonnenbrille
Ohrstöpsel

Dokumente

Ausweise (Reisepass, intern. Führerschein, Visum)
Grüne Versicherungskarte
Auslandsreiseversicherung
Geld in der Landeswährung
Kreditkarte, Debitkarte

Elektronik

Handy
PDA

Fotoapparat, SD-Karte, Akku (Ladekabel, Ersatz SD-Karte, Ersatzakku)
Rasierapparat
Ladegeräte, Kabel und Adapter für alle elektronischen Geräte

Reiseinformationen

Hueber Sprachführer
Landkarten
Reiseführer
Wichtige Adressen
Wichtige Telefonnummern (z. B. die Hotline des Kreditkarteninstituts für Notfälle)
Schreibzeug
Reiseliteratur (Buch, Zeitung)

Körperpflege

Handtücher, Waschlappen
Shampoo
Conditioner
Seife
Spiegel
Rasierwasser
Rasierschaum
Rasierer und Klingen
Kamm, Haarbürste, Haargummis
Badeschlappen

Gesichts- und Körpercreme

Nagelschere, Nagefeile

Zahnbürste, Zahnpasta

Reinigungstabletten

Tampons, Binden

Wattestäbchen

Toilettenpapier

Taschentücher

Kleidung

Jacke,

Mantel

Handschuhe

Halstuch, Schal

Pullover

T-Shirts

Hemden

Lange Hosen, kurze Hosen

Kleider

Röcke

Blusen

Sportkleidung

Unterwäsche (Unterhosen, Unterhemden, BHs)

Badehose, Badeanzug

Sonnenhut

Regenbekleidung

Schuhe (Sportschuhe, Wanderschuhe)

Fürs Zelten

Zelt
Heringe
Plane
Hammer
Spaten
Zeltlampe
Taschenlampe
Schlafsack
Isomatte
Strandmatte
Klappstuhl
Geschirr
Holzbrett
Besteck
Scharfes Messer
Regenschirm
Essgeschirr
Spülmittel
Geschirrtücher
Topfset
Gaskocher
Gaspatronen
Feuerzeug

Sonstiges

Regenschirm
Reisewaschmittel

Zahlen
Numbers

T01	0	zero ['siərou]
T02	1	one [uann]
T03	2	two [tu]
T04	3	three [θri:]
T05	4	four [fɔ:]
T06	5	five [faiw]
T07	6	six [ßicks]
T08	7	seven ['ßewn]
T09	8	eight [äit]
T10	9	nine [nain]
T11	10	ten [tenn]
T12	11	eleven [i'lewn]
T13	12	twelve [tuellw]
T14	13	thirteen ['θöəti:n]
T15	14	fourteen ['foəti:n]
T16	15	fifteen ['fiffti:n]
T17	16	sixteen ['ßickßti:n]
T18	17	seventeen ['ßewnti:n]
T19	18	eighteen ['äiti:n]
T20	19	nineteen ['nainti:n]
T21	20	twenty ['tuennti]
T22	21	twenty-one ['tuennti uann]
T23	22	twenty-two ['tuennti tu:]
T24	23	twenty-three ['tuennti θri:]
T25	24	twenty-four ['tuennti foə]
T26	25	twenty-five ['tuennti faiw]